산복도로 계단

산복도로 계단

양희용(일섶) 수필집

수필과비평사

■ 작가의 말

　군에서 선임들의 연애편지를 몇 번 대필해 준 것 외에는 나의 직업이나 일상생활은 문학과 아무 연관이 없었다. 술좌석에서 시를 읊거나 문학과 관련된 이야기를 자연스럽게 말하는 친구들이 마냥 부러웠다. 글을 지어 집을 짓는 작가作家가 되겠다는 생각이나 상상은 하지 않았다.

　퇴직하고 몇 가지 취미 활동을 시작했다. 등산과 낚시, 컴퓨터 게임을 하면서 무료한 시간을 보낼 수 있었지만 별 재미가 없었다. 마지막 숨을 다할 때까지 즐겁게 시간을 보낼 수 있는 새로운 뭔가를 찾다가 인근 대학의 평생교육원에서 수필을 만나게 되었다. 5년이란 시간이 지나면서 꿈에서만 생각했던 작가라는 별도 달고 나만의 집도 두 채나 지었다.

　수필은 쓸수록 어렵고 힘들다는 선배 작가들의 말을 이제야 공감하고 있다. 그동안 수필 관련 강의를 계속 들으면서 열심히 습작도 하고 수십 권의 수필집도 눈이 터지도록 읽었으나 한 편의 수필을 완성하기까지의 고통과 시련은 말로 표현할 수 없다.

용기와 자신감은 점점 사라지고 좋은 글을 써야 한다는 욕심만 머릿속에 가득하다.

   초심으로 돌아가야 한다. 작은 것을 사랑하고, 쓰러진 것을 세워주고, 버려진 것을 보듬어 줄 수 있는 마음으로 수필을 써야겠다고 다짐해 본다. 나는 마이너리그의 이름 없는 작가일 뿐 그 이상도 이하도 아니다.

   작지만 예쁜 인생의 집을 지을 수 있도록 도와준 친구와 문우, 박양근 교수님께 머리 숙여 감사의 인사를 올린다. 든든한 지원군이 되어준 아내와 두 아들, 성규와 인규에게도 고맙다는 말 전한다.

2019년 음력 시월

양희용(일섶)

| 차례 |

1부

마이너리그 작가

날 14
나의 첩홎 19
토렴 24
마이너리그 작가 29
인맥 다이어트 34
줄눈 39
작은 행복 44
소환 49
글밭에서 54

2부

냉장고를 지키며

주방 60

봄동 65

짬뽕 예찬禮讚 70

냉장고를 지키며 76

오징어 81

뽕잎 86

달곰쌉쌀한 맛 91

콩나물을 다듬는 시간 96

남자도 접시를 깨자 101

3부
산복도로 계단

문수암의 피리 소리 108

바닷가 산책 113

악어의 눈물 118

산복도로 계단 121

상상의 여행 126

정류소 벚나무 131

오륙도 등대의 꿈 136

수첩 속의 눈망울 141

4부

연화도에 사는 남자

코 148

욱 151

턱 154

100百 157

머리카락 160

연화도에 사는 남자 165

거실로 출근하는 남자 170

호적 없는 아저씨 175

폐지 줍는 노인 180

5부

석류나무집 아이

감시자의 눈 186

석류나무집 아이 191

나의 장례식 196

중고차 201

운전면허시험장의 풍경 206

백운포 해녀 할매 211

임을 위한 노래, 도리화가 215

사랑을 조각하지 못한 까미유 끌로델 220

작품해설

- **작품해설** - 자연사물의 문학적 해석, 물物과 상像의 결속
  - 양희용(일섶)의 〈냉장고를 지키며〉
    |박양근(부경대학교 명예교수·문학평론가)| 226

  - 작가가 사물을 차용하는 방식
    - 양희용(일섶)의 〈주방〉
    |김지헌(조선대학교 교수·문학박사)| 232

  - 나르시스적 담론, 수필 속의 자화상
    - 양희용(일섶)의 〈연화도에 사는 남자〉
    |박양근(부경대학교 교수·문학평론가)| 238

제1부

마이너리그 작가

날

1. 맑은 날

나가야 한다.

화창한 날에 집에 있으면 억울한 기분이다. 만날 친구도, 반겨줄 사람도 없지만 가까운 금련산이라도 다녀오면 된다. 눈은 하늘을, 코는 나무를, 입은 열매를, 귀는 새를, 피부는 햇볕을 만나 즐거워한다. 나는 주는 것이 없지만 산은 나에게 무한정 베풀어 준다. 덤으로 왜 이렇게 살았는지, 앞으로 어떻게 살 건지에 대한 문제도 풀어준다. 해가 떠서 산에 갈 수 있는 날, 자연에 감사하고 싶은 날이다.

2. 흐린 날

나가야 한다.

집에만 있으면 마음마저 흐려질 것 같다. 차를 몰고 금련산의 청소년 수련원 위에 있는 전망대에 간다. 그곳에 서면 해무에 가려 바다 위에 떠 있는 것처럼 보이는 광안대교와 해운대의 마천루를 볼 수 있다. 동화책에서 보았던 하늘나라의 모양인 듯하다. 어머니가 불쑥 나와 손이라도 흔들어 주었으면 좋겠건만, 너무 많은 시간이 흘러 나를 잊으셨는지도 모르겠다. 내 곁을 떠난 사람들이 보고 싶은 날이다.

3. 비 오는 날

나가야 한다.

집에 있으려니 서랍장에 갇혀 있는 낡은 우산이 구시렁구시렁 중얼거린다. "신발은 매일 나가는데, 나는 오늘 하루만이라도…." 애걸하는 목소리가 귓전을 울린다. 그녀의 손을 잡고 동네를 한 바퀴 돈다. 기분이 좋은지 가벼운 바람에도 몸을 좌우로 흔든다. 근처 학교와 마트를 구경시켜 주고, 집으로 들어가려 하자 그녀의 뼈에서 흐르는 눈물이 내 어깨를 적신다. 짧은 시를 한 편 적고 싶은 날이다.

4. 눈 오는 날

나가야 한다.

집에만 있으면 다른 사람이 다 본 영화를 나 혼자만 못 본 기분이다. 커피숍 창가에 앉아 지나가는 사람들의 표정을 보며 '아다모'의 〈눈이 내리네〉를 듣고 싶다. 하얀 눈을 맞으며 나를 기다리는 사람이 있었던가. 하얀 눈을 맞으며 누군가를 기다린 적이 있었는가. 없다. 마시던 커피를 남겨 두고 밖으로 나가야겠다. 그냥 호주머니에 두 손 쿡 찌르고 머리를 지붕 삼아 무작정 걷고 싶은 날이다.

5. 더운 날

나가야 한다.

내가 제일 싫어하는 날이지만 나를 위해 나간다. 광안리해수욕장의 종려나무 그늘에 퍼더앉는다. 시원한 바닷바람은 땀을 식혀주고 헝겊 쪼가리 두 장 걸친 젊은 아가씨들의 모습은 눈을 번쩍거리게 만든다. 10여 분을 걷는다. 대학가의 막걸릿집 귀퉁이에 앉아 청춘들의 흥에 겨운 소리를 듣는다. 그들에게는 미안하지만 기氣를 빌려 가야만 한다. 더위에 지친 몸뚱이를 활력으로 채우고 싶은 날이다.

6. 추운 날

나가야 한다.

집에 있으면 따끈한 어묵 국물과 소주가 자꾸 생각난다. 땅거미가 지면 마을버스를 타고 시장통의 포장집에 간다. 그곳에서 노동자와 장사꾼, 놈팡이들이 모여 저마다의 힘든 생활을 하소연한다. 가끔 잘난 척하는 사람도 있다. 시끌벅적하다. 그들의 이야기는 어떤 영화나 드라마, 소설보다 더 재밌다. 만 원짜리 두 장이면 충분하다. 꾸밈없이 살아가는 그들의 애환을 수필로 번역하고 싶은 날이다.

7. 태풍 오는 날

집에 있어야 한다.

아예 나가고 싶지 않다. 군에서 폭풍우가 몰아치던 날, 수색대원들은 임진강에 매복을 나갔다. 빠르게 불어나는 강물에 세 명이 목숨을 잃었고 우리 부대는 그 시체를 수습했다. 제대 후, 복학해서 학교에 열심히 다녔다. 큰 태풍이 오는 날, 비를 쫄딱 맞고 2층 강의실에 들어갔다. 아무도 없었고, 아무도 오지 않았다. 휴강이었다. 피할 건 피하면서 살아야 한다. 리모컨만 잡고 소파에 길게 누워 있고 싶은 날이다.

8. 우울한 날

집에 들어가야 한다.

고등학교 다닐 때부터 기분이 안 좋은 날, 친구들과 싸웠거나 약속이 취소된 날에는 집에 일찍 들어갔다. 책을 읽거나 영한사전을 보면서 단어를 외웠다. 그러다 보면 금세 기분이 풀렸다. 친구들은 나에게 이상한 놈이라고 했지만 나는 몸도 마음도 정상이었다. 지금은 그렇게 하지 않는다. 대신 인터넷으로 고스톱을 치거나 바둑을 둔다. 오락에 빠져 우울한 기분을 잊고 싶은 날이다.

9. 기분 좋은 날

당연히 나가야 한다.

오전에 수필 잡지사에서 전화가 왔다. 일전에 제출한 원고를 게재하겠다는 연락이다. 오후에는 수영구청에서 매달 발행하는 신문, 〈새수영〉에 내 글을 실을 거라는 전화를 받았다. 헤죽헤죽 웃으며 돌아다니고 싶다. 저녁에는 막역한 친구에게서 술 한잔 하자는 카톡이 왔다. 하늘을 날아갈 것 같다. 오늘은 상대가 누구든 기분 좋은 만남이다. 마음껏 떠들면서 좋은 안주에 소주 한 잔 사주고 싶은 날이다.

나의 첩妾

애소愛燒는 아직 젊고 예쁩니다. 그녀의 시조始祖는 페르시아인입니다. 칭기즈 칸의 손자가 한반도에 진출했을 때, 우리나라에 정착하며 살기 시작했습니다. 이제는 완전한 우리나라 사람이 되었습니다. 하지만 제사상을 차리는 곳에서는 아직도 문전박대를 면치 못하고 있습니다.

애소의 집안 가훈은 서민들과 희로애락을 함께하자는 것입니다. 사회적 약자에게 친밀하고 아낌없는 사랑을 나누어 주려고 불철주야 노력하고 있습니다. 그렇다고 정계에 입문하려는 마음은 눈곱만큼도 갖고 있지 않다고 합니다. 그래서 나는 그녀를 더 좋아합니다.

내가 약관보다 더 어린 나이에 포장집 희미한 전등 아래서 애소를 처음 만났습니다. 청명하고 순결한 그녀는 조금 차가운

인상이었지만 대화를 할수록 따뜻한 매력이 넘쳐흘렀습니다. 말 한마디 한마디에 핏줄을 타고 흐르는 짜릿함을 느꼈습니다. 촌철 살인 같은 힘으로 갑갑한 속을 뻥 뚫어 주었습니다. 젊은 패기와 용기를 앞세워 그녀를 하룻밤에 두세 번 이상 만나는 날도 있었습니다. 이제 육십갑자의 '갑(甲)'을 넘긴 이놈의 몸뚱어리는 아직도 불혹인 그녀를 감당할 수가 없습니다.

사람들은 그녀에게 예쁜 별명을 많이 붙여주고 있습니다. 이슬처럼 영롱하다고 참이슬, 첫 만남처럼 만나자고 처음처럼, 만나면 즐겁다고 좋은데이, 근심거리를 날려 준다고 시원이. 그녀는 성격이 원만해 많은 열매와 잘 어울려 놀기도 합니다. 사과 포도 배 딸기 매실 살구 자두 앵두 밀감 오이 모과 구기자. 그러나 나는 혼자 있는 애소가 좋습니다. 다른 친구들과 섞여 있으면 시끄럽고 머리가 아픕니다.

애소는 심리상담사 자격증을 갖고 있습니다. 힘겨운 군에서의 제대, 사랑하는 사람과의 결혼, 회사에서 승진하는 기쁨을 나누는 시간에 그녀는 행복을 두세 배 증폭시켜 줍니다. 첫사랑의 아픔, 부모님과 이별하는 슬픔, 수십 년 만나온 동료들과 헤어지는 아쉬움을 느낄 때, 오로지 그녀만은 우리 곁을 지켜주면서 새로운 희망과 도전정신, 자신감을 심어줍니다. 애소는 우리의 영원한 멘토입니다.

애소는 항상 녹색 옷을 입고 있습니다. 자신의 마음이 깨끗하고 순한 여자라는 것을 보여주기 위해서입니다. 음식은 아무거나 잘 먹습니다. 어린 시절에는 새우깡, 건빵, 쥐포, 라면을 좋아했고, 성인이 되어서는 김치, 족발, 고갈비, 짬뽕 국물을 좋아했습니다. 나이를 먹으면서 식성이 바뀌어 지금은 생선회, 두부김치, 부대찌개, 닭볶음, 골뱅이무침 등을 다 좋아합니다. 그래서 허리와 엉덩이의 사이즈가 똑같습니다.

애소는 마술사입니다. 신기하게도 자신의 신체를 일곱 개의 조각으로 나눌 수 있습니다. 그래서 두 사람이 나누어 가지면 모자라고, 세 사람, 네 사람, 다섯 사람, 여섯 사람이 나누어도 모자랍니다. 일곱 사람이 나누어 가지면 너무 작습니다. 그러면 그녀는 다시 몸을 합쳐서 새 모습으로 사람들 앞에 나타납니다. 사람들은 그녀의 그런 변신을 놀라워하지 않습니다.

애소는 아내와 달리 잔소리를 하지 않습니다. 나는 집에서 서열이 4위에 불과하지만 그녀는 항상 나를 왕처럼 대접해 줍니다. 내가 인근에 사는 맥양麥孃과 바람을 피워도 묵묵히 지켜만 봅니다. 오히려 같이 어울리기도 하면서 잘 놀아줍니다. 1주일 만에 그녀를 만나러 가더라도 짜증도 내지 않고 방긋 미소를 지으며 반겨줍니다.

나는 애소를 밤에만 만납니다. 그렇다고 그녀가 야행성은 아닙니다. 낮에는 열심히 일하면서 볼일을 보고, 시간이 나면 언제든지 만나러 오라고 그녀가 부탁하기 때문입니다. 적당한 시간이 지나면 집에 일찍 가라고 합니다. 내가 싫어서 그런 것은 아닙니다. 본처가 조금은 무서워서 그럴 겁니다. 그러면서 진한 이별의

키스를 보내줍니다. 황홀함에 빠진 나는 비실비실 집으로 갑니다.

　애소를 가슴에 품고 집에 가는 날이면 아내는 웃어줍니다. 이제 아내도 애소를 인정해줍니다. 그리고 나의 옷과 양말을 벗겨주고는 거실로 나갑니다. 나는 시끄럽고 격렬한 밤을 애소와 함께 보냅니다. 새벽에 눈을 뜨면 애소는 어디론가 사라지고 없습니다. 아내가 친정이나 여행을 가고 없으면 나는 애소를 안방으로 부릅니다. 그동안 미뤄왔던 깊은 사랑의 이야기는 밤이 새는 줄을 모르고 이어집니다. 그녀도 이제 옹녀 같은 힘은 사라지고 많이 약해져 있습니다.

　애소는 기쁘게 만나서 즐겁게 대화하는 사람을 제일 좋아합니다. 그런데 좌석이 끝나기도 전에 평생 지울 수 없는 사고를 치는 몰상식하고 파렴치한 인간들이 너무 많습니다. 그녀에게 볼 면목도 없고 변명할 여지도 없습니다. 그녀에게 아낌없는 사랑을 한없이 받은 내가 선물한 것은 고작 해장국밖에 없습니다. 이제라도 인삼 녹용을 챙기며 그녀에게 좀 더 가까이 가고 싶지만 이미 때는 늦었습니다.

　애소야!
이제 추억의 앨범을 덮어야겠다. 너와의 이별을 앞둔 나의 마지막 소원을 말해야겠구나. 세상을 떠나는 전날 밤, 너를 힘껏 부둥켜안고 마지막 힘을 다해 사랑을 나누고 싶구나. 덧붙여서, 내가 밤마다 별을 헤아리며 지루하게 누워 있을 때, 계절에

한 번쯤은 나를 찾아와 주렴. 나를 무겁게 덮고 있을 메마른 잔디 위에 너의 달콤한 눈물이라도 뿌려주려무나. 그것은 40년을 함께한 연인으로서 너의 당연한 의무가 아니겠니.

윤회설에 따라 내가 다시 태어난다면 애소와 또 다른 사랑을 나누고 싶습니다.

토렴

국밥은 독특한 음식이다. 부엌에서 미리 국에 밥을 말아 손님상에 올린다. 한꺼번에 많은 사람을 대접하기에 편하고, 날씨가 추울 때 먹으면 제격이다. 시골 장터의 장돌뱅이와 주모에 의해 국밥은 이미 외식문화로 발전해 왔다. 그 종류도 소머리국밥, 선지국밥, 돼지국밥, 콩나물국밥, 굴국밥 등으로 다양해졌다. 그중 돼지국밥은 부산과 경남 지역을 대표하는 향토 음식으로 자리를 잡고 있다.

돼지국밥이 언제, 어떻게 개발되었는지에 대한 확실한 근거는 없다. 다만 6·25전쟁 중에 피난길을 전전하던 사람들이 쉽게 구할 수 있는 돼지의 부속물을 끓여 먹은 데서 유래하였다는 이야기가 가장 설득력이 있는 듯하다. '허영만' 화백은 만화 『식객』에서 "소 사골로 끓인 설렁탕이 잘 닦여진 길을 가는 모범생 같다면, 돼지국밥은 비포장도로를 달리는 반항아 같은 맛이다."고

했다. 부산 출신의 어떤 시인은 "야성을 연마하기 위해 돼지국밥을 먹으러 간다."는 시구를 적었다. 두 분의 표현에 의하면 '시대에 저항하는 야성의 남자'에게 잘 어울릴 것 같은 음식이다.

　부산에는 유달리 국밥집이 많다. 나는 집 근처 돼지국밥집에 자주 간다. 국밥을 먹으면서 가끔 학창 시절을 생각한다. 장사하고 밤늦게 동네잔치에 다녀오신 어머니의 손에는 이따금 따끈한 돼지국물이 담긴 주전자와 고기를 싼 신문지가 들려 있었다. 평소 먹기 힘든 고기 맛을 보여주기 위해 잠자고 있는 자식들을 깨웠다. 어머니는 국그릇에 식은 밥과 고기 대여섯 점을 얹어 몇 번 토렴한 후 국물을 부어 주셨다. 정구지와 양파, 새우젓과 양념은 없었지만, 김치 하나만 있으면 어떤 음식과도 비교할 수 없는 최고의 맛을 내었다. 가난했던 시절의 고기 맛은 그게 전부였다.

　토렴은 밥이나 국수에 뜨거운 국물을 부었다 따랐다 하여 건더기를 따뜻하게 데우는 과정을 말한다. 전기밥통이 없었던 시절, 밥과 고기가 늘 차가운 상태로 보관되어 있었기 때문에 뜨거운 국밥을 후후 불어 식혀가며 먹는 즐거움이 없었다. 그렇다고 밥이나 고기를 미리 국에 넣어 놓고 계속 끓이면 지나치게 불어터져서 식감이 떨어지고 형체도 바스러진다. 밥알과 고기에 국물이 잘 배어들게 만들어 따뜻하고 구수한 맛을 살려주기 위해 개발한 조상의 지혜가 토렴이다.

　얼마 전, 부산진역 근처에 갔었다. 그곳에 설치된 무료급식소에는 춥고 배고픈 노숙자와 독거노인들이 길게 줄을 서 있었다.

자원봉사자들은 땀을 흘리며 뜨거운 김이 올라오는 밥과 국, 반찬을 배식해 주었다. 봉사자들은 힘든 내색 없이 밝은 표정으로 각자의 맡은 일에 열중했다. 나는 그 현장을 보면서 우리 주변에 힘든 사람도 많지만 고통을 함께 나누는 사람도 많다는 것을 느꼈다.

우리가 살고 있는 공동체에도 토렴이 있어야 한다. 편안하게 사는 사람들이 힘들게 사는 사람들에게 온기를 조금이나마 전해 주는 행동이 진정한 토렴의 의미라고 생각한다. 햇빛이 모든 곳을 공평하게 비출 수 없다. 양지도 음지에게 빛을 조금씩 내어 준다. 많이 배우고 많이 가진 자가 그렇지 못한 이웃을 위해 온정의 손길을 내미는 사회적 분위기를 만들어 가야 한다.

돼지국밥이 화면에 가장 많이 나오는 영화는 양우석 감독의 〈변호인〉이다. 1980년대 '부림(부산의 학림學林) 사건'을 배경으로 만들어진 영화다.

변호사 송우석(송강호 분)은 사법고시에 합격하기 전 밥값 신세를 지며 정을 쌓은 돼지국밥집 아주머니한테서, 그녀의 아들 '진우'가 시국 사건에 휘말려 재판을 받는다는 소식을 듣는다. 당시 국가보안법 위반으로 구속된 대학생들을 변호한다는 것은 군사정권의 보복이나 방해공작을 받는 위험이 뒤따랐기 때문에 누구도 나서지 않았다. 송 변호사도 같은 마음이었지만 고문을 받아 흉하게 된 진우의 상처를 보고 변호를 맡기로 마음을 정한다. 헌법에 명시된 국민의 기본권을 강조하면서 국가보안법에 맞서 싸우는 과정이

감동적으로 잘 그려진 영화다.

　송 변호사는 진우의 상처를 보는 순간 대기업 스카우트 제의를 거절한다. 편안하고 행복한 삶이 눈앞에 보이는데 왜 그랬을까. 많은 시련이 예상되는데도 왜 변호를 맡았을까. 법을 전공한 지식인으로서 순수한 독서 활동을 하던 대학생들의 누명을 그냥 보고만 있을 수는 없었을 것이다. 자신의 안위보다는 어렵고 힘든 환경에 처해 있는 사람들을 위해 마음의 문을 열었고, 그것을 행동으로 옮겼다. 많이 배운 사람이 무지한 서민들을 위해 베푸는 마음, 토렴하는 마음 때문이다.

　영화에는 현실과 진실 속에서 갈등하는 또 한 명의 인물, '권성두'라는 육군 군의관이 나온다. 그는 고문을 당해 의식을 잃은 학생들의 치료를 위해 대공수사 업무에 차출되었다. 학생들이 거짓 자백을 하는 모습을 본 그의 마음은 어떠했을까. 육군 장교로서의 심리적 압박과 같은 시대를 살아가는 젊은이로서 진실을 밝혀야 한다는 정의감에 얼마나 많은 고뇌를 했을까. 자신에게 닥쳐올 위험보다 약자를 먼저 생각하는 마음은 그가 법정에서 양심선언을 하도록 만들었다. 특별한 주인공이 아닌, 평범하게 살아가는 우리도 누군가를 위해 토렴할 수 있다는 용기를 보여주었다.

　우리가 대수롭지 않게 생각하는 자유와 풍요는 누군가 간절하게 원하는 생명줄이고, 밥줄일 수 있다. 모두가 힘든 현실에서 따뜻함을 나누는 토렴이 없다면 사회는 점점 희망이 없는 어두운 세상으로 빠져들게 된다. 생각을 바꾸고 시야를 조금만 넓히면 우리의 관심을 기다리는 수많은 손길이 보인다. 서로의 마음을 주고받으며 사회 전체가 따뜻해진다면 정말 아름다운 세상, 우리가 바라는 세상이 눈앞에 펼쳐질 수도 있다.

 따뜻함을 나누는 토렴이 우리 모두의 가슴에서 모락모락 피어 올랐으면 좋겠다.

마이너리그 작가

꿈은 생물이다. 누군가 만들어 놓은 액자 속에 넣을 수 없다. 자신이 그려 놓은 그림 속에서 조금씩 키워가며 잘 가꾸어 나가야 한다. 이제 환갑을 넘기면서 몸은 쇠퇴기에 접어들었으나 마음만은 그렇지 않다. 청춘처럼 원대하지는 않지만 소박한 꿈 하나 정도는 갖고 있다. 설령 그 꿈이 나의 능력 밖에 있더라도 그냥 즐기면서 목표 언저리에라도 가고 싶은 마음이다.

우리나라 야구선수들이 해외로 많이 진출하면서 미국의 프로야구, '메이저리그(MLB)'라는 단어가 친숙한 용어가 되었다. 메이저리그는 미국 프로야구의 최상위 리그를 말하고, 그보다 한 수 아래의 리그를 '마이너리그'라 한다. 양대리그에서 활동하는 선수들의 신분과 지위는 하늘과 땅 차이다. 한쪽은 호텔에서 맛있는 스테이크를 먹을 수 있지만 다른 쪽은 허름한 숙소에서 햄버거를 먹으며 배를 채워야 한다.

우리나라 야구 꿈나무들의 최종 목표는 메이저리그에 진출하는 것이다. 세계 최고의 선수들과 함께 뛴다는 명예와 엄청난 부를 거머쥘 수 있기 때문이다. 그 꿈을 실현하기 위해 피나는 훈련과 노력, 인내를 감수하지만 생각만큼 쉽지는 않다.

개인적으로 '추신수' 선수를 좋아한다. 부산 출신에다가 온갖 어려움을 극복하고 세계 정상급 선수가 되었다는 점이 호감을 사게 되었다. 그는 2001년, 고등학교를 졸업하고 미국으로 건너가 마이너리그에서 5년을 보냈다. 메이저리그로 진출하겠다는 꿈을 달성하기 위해 외롭고 힘든 과정을 거쳐야만 했다. 우리가 상상할 수 없는 피와 땀을 흘렸다. 마침내 많은 시련을 이겨내고 메이저리그에 진출했고, 8년 후 2013년에는 자유계약선수가 되면서 7년, 1억 3,000만 달러라는 계약을 성사시켰다. 추신수는 꾸준한 노력과 할 수 있다는 긍정적인 생각으로 목표를 달성한 스포츠 선수의 표상이다. '꿈은 이루어진다.'라는 표현이 그냥 생겨난 말은 아닌 것 같다.

수필을 쓰기 시작한 지 6년째 접어들었다. 꿈에서만 생각했던 작가라는 별도 달고 예쁜 집도 한 채 지었다. 마이너리그를 거치지 않고 메이저리그로 곧장 진출한 우리나라 야구선수처럼 자신감과 자만심이 머릿속을 가득 채웠다. 이제 막 발걸음을 뗀 햇병아리가 숲속의 거목을 넘어설 수 있다고 생각했다. 몇 년 안에 인기 작가가 되어 원하던 언론에도 진출할 수 있을 거라고 착각했다. 수필을 쉽게 쓸 수 있다는 허영심은 우리에 갇혀 사료만 먹는 돼지처럼 배를 부르게 만들었다.

　그 생각은 오래가지 않았다. 수필 관련 강의를 계속 들으면서 열심히 습작도 하고 수십 권의 수필집도 눈이 터지도록 읽었다. 그렇게 몇 년이 지나면서 나는 '우물 안 개구리'에 불과하고, 기성 작가들의 사고방식과 상상력, 문장력을 도저히 따라갈 수 없다는 것을 알았다. 게다가 경험과 경력을 비롯하여 인문학적 소양과 자질까지 부족하다는 면을 깨달았다. 내가 달았던 별은 혜성이 아니라 별똥별에 불과했다. 그저 마이너리그의 이름 없는 작가일 뿐 그 이상도 이하도 아니었다.

　가능성과 자신감을 잃은 채 계속 글을 쓸 수가 없었다. 억지로 쓴 한 편의 글은 수필이 아니라 추억의 일기를 짜깁기한 것에 불과했다. 글쓰기를 포기하고 나이에 걸맞은 새로운 일거리와 취미 생활을 찾아야만 했다. 아무런 일이나 목표도 없이 빈둥빈둥 시간을 죽이는 것은 남은 삶을 포기한 것이나 다름없다. 지금까지 경험하지 못했던 색다른 일을 하고 싶었다. 그곳에도 또 다른 즐거움이 있을 거라고 확신했다.

　그러던 중 선배 작가를 술좌석에서 만나 나의 고민을 털어놓았다. 선배는 술잔을 비우면서 말했다. 프로야구 선수 중에 홈런과 안타를 잘 치는 선수가 있는 반면에 번트와 도루를 잘하는 선수도 있다. 타율은 낮지만 수비를 잘하는 선수도 있다. 경기마다 주전으로 나가지 못하고 벤치에 앉아있더라도 그들은 훈련을 게을리하지 않는다. 언젠가 팀에서 필요로 하는 순간이 올 것이고 그 기회를 놓치지 않기 위해 최선을 다한다. 한 선수가 모든 분야를 다 잘할 수 없듯이 작가도 자신만이 가야 할 길이 있고 그 분야에서 열심히 하다 보면 언젠가 꿈을 이룰 수 있다는 말도 덧붙여 주었다.

다시 수필집을 여러 권 읽어보았다. 작가가 만들어 놓은 집의 모양과 색깔이 모두 달랐다. 같은 수필 세계에 살고 있지만 같은 형태의 집은 없었다. 내가 가야 할 방향을 찾았다. 유명한 작가가 가고 있는 길을 따라갈 필요도 없고 그 사람이 지은 집을 모방할 필요도 없다. 나만의 길, 나만의 모양, 나만의 색깔을 입혀 나만의 집을 지어야겠다고 생각했다. 내가 속해 있는 마이너리그에서 나의 장점과 개성을 살려 즐겁게 글을 쓸 수 있다면 부러울 게 무엇이 있겠는가. 새로운 각오로 마음을 단단히 추스르고 모니터 앞에 앉았다.

추신수 선수처럼 메이저리그로 진출하겠다는 나의 꿈은 마이너리그에서 최선을 다해 열심히 글을 써야겠다는 생각으로 바뀌었다. 지금까지 조급한 마음에 너무 쉽게 글을 쓰고 발표했다. 마이너리그 선수처럼 피나는 노력과 땀을 흘리지 않았다. 마이너리그에서조차 낙오된다면 더 이상 물러설 곳이 없다. 뼈를 깎는 수련의 고통만이 내가 먹어야 할 빵이다.

조지훈 선생은 '용주사 승무'의 실연實演과 화가 김은호 선생의 〈승무도僧舞圖〉를 보고 1년 6개월 동안 상상과 고민, 퇴고를 거듭한 끝에 걸작 〈승무〉를 완성했다고 한다. 소설가 조정래 선생은 '마음에 드는 첫 문장을 쓰기 위해 수십 매의 파지를 생산하고, 한 문장을 쓰기 위해 하루 이틀 쓰러질 정도로 최선을 다해야 한다.'고 말한다. 어느 수필가는 다보탑에 관련된 글을 한 편 쓰기 위해 수십 번을 방문해서 밤낮으로 관찰하고 느끼면서 탑과 대화를 나누었다고 한다. 나는 무슨 노력을 했는가.

　마이너리그 작가로 살아남기 위해 항상 염두에 두어야 할 몇 가지 사항이 있다. 한 편의 수필을 쓰기 위해 얼마나 많은 피땀을 흘렸는가. 독자가 행복이나 희망을 느낄 수 있는 글을 썼는가. 버려진 것과 소외된 사람들의 아픔을 담았는가. 시대의 나침반이라는 작가 정신이 글 속에 살아 숨 쉬고 있는가.

　언젠가 진정한 내 영혼의 글을 적을 수 있을 때 '나는 메이저리그 작가'라고 스스로 위안할 것이다.

인맥 다이어트

　체중이 1.2kg이나 늘었다. 밤새 얼마나 먹고 마셨는지 체중계의 눈금이 눈에 띄게 올라갔다. 먹고 싶은 음식을 다 먹으면 뱃살이 출렁거리면서 활동하기 불편하다. 식도락을 만끽했으면 배고픔의 고통도 참고 견딜 수 있어야 한다. 아침은 식사 대신 믹스커피 한 잔만 마신다. 몸에 불필요한 살이 붙으면 그때그때 해결해야 한다.

　과체중인 사람은 음식물의 양이나 질을 조절해서 먹는다. 체중과 상관없이 몸매와 초콜릿 복근을 자랑하기 위해 극단적인 방법을 선택하는 사람도 있다. 무리한 단식, 약물 복용, 지방 흡입술, 위 크기 조절 수술, 등을 이용한 체중 감량은 때때로 생명을 담보하기도 한다. 다이어트는 건강을 위해서만 실행되어야 한다. 외모가 아닌 정신적 긴장을 해소해 주는 '인맥 다이어트'도 있다.

인맥 다이어트는 불필요한 인간관계를 정리하여 지인의 숫자를 줄이는 것이다. '인간관계 다이어트'라고도 한다. 취업포털 전문업체의 설문 조사에 따르면, 국내 성인남녀 2,526명 중 46%는 '인간관계 다이어트를 시도한 경험이 있다.'고 답했다. '생각은 했으나 실행에 옮기지 못했다.'는 응답도 18%나 차지했다. 성인 남녀 열 명 중 여섯 명은 낡은 거미줄처럼 얽혀있는 인맥을 정리하고 싶은 마음을 갖고 있다.

'카톡, 카톡, 카카카카카톡'

스마트폰이 연이어 신호음을 울린다. 십중팔구는 안 봐도 뻔한 것이지만 혹시나 하는 마음으로 서둘러 카톡방을 두드려 본다. 유럽으로 여행을 간 지인이 프랑스의 무슨 궁전 앞에서 찍은 부부 사진을 여러 장 보내왔다. 그와 나는 그다지 친한 사이도 아니건만 자신들의 금슬을 자랑한다. 사진을 확대해 보면서 부러운 마음 보다 약간 언짢은 기분이 들었다. 내가 왜 그 부부의 여행 사진을 보면서 시간을 소모하고 내 신세까지 한탄해야 하는가.

얼마 전까지 '인맥은 자산'이라고 생각했다. 각종 모임에 참석하면 이런저런 사람을 만나서 즐겁게 대화하고 술도 마셨다. 처음에는 마음이 잘 맞거나 서로에게 도움이 되겠다는 생각으로 전화번호를 주고받았다. 시간이 지나면서 몇몇 사람들은 나의 생각이나 취향에 맞지 않는다는 사실을 알게 되었다. 소심하거나 예의에 어긋나는 행동을 하는 사람도 있다. 그런 지인을 만나면 피곤하고 기분도 나쁘다. 그래도 언젠가 보탬이 될지도 모른다는 얄팍한 계산으로 전화번호는 지우지 않았다.

가족 중에 누가 갑자기 아플 때 병원의 경비아저씨만 알아도 큰 도움이 된다고 한다. 관공서에서 업무를 보거나 외국으로 여행을 나갈 때, 세금을 내거나 법적인 문제가 생겼을 때, 심지어 장례식장이나 화장터에서 고인을 보낼 때도 인맥이 있으면 편리하다. 나도 그런 덕을 본 적이 여러 번 있었다. 그때는 넓은 인맥이 나의 능력이자 자랑이라고 생각했다.

얼마 전, 큰아들이 새 차를 샀다. 자동차 판매회사의 간부로 근무하는 동기에게 전화를 걸고 사무실로 찾아갔다. 그는 같은 금액에 좀 더 좋은 조건으로 신형 차를 구매할 수 있도록 신경을 많이 써 주었다. 마음에 드는 차를 선택하면서 백만 원 가까이 덕을 보았다. 인맥은 돈이라는 생각도 들었지만, 아들이 밝은 표정을 지으며 나에게 감사의 표시를 할 때는 아버지로서 자부심을 느꼈다.

그 후로 동기회에 그가 나오면 먼저 인사를 하고 반갑게 맞이했다. 참석한 다른 동기들에게 '고마운 친구'라는 소개와 함께 어깨를 떡 펴고 앉아있는 그에게 감사의 표시를 하며 술을 두어 잔 마셨다. 아들의 차를 구입하면서 덕을 본 백만 원을 갚기 위해서였다. 집으로 돌아오는 내내 즐거운 마음보다 '나는 왜 이렇게 쪼잔하게 사는가?'라는 서글픈 생각이 머릿속을 떠나지 않았다.

가끔 핸드폰에 그의 전화번호나 문자가 뜨면 괜히 큰 바위 하나가 온몸을 짓누르는 기분이다.

인맥을 이용하여 편의를 받으면 마음의 채무를 안고 살아야 한다. 또 다른 압박감에 시달린다. 시대의 흐름에 맞게 원칙대로 일을 처리하는 것이 훨씬 편하다. 다른 사람보다 부지런하게 움직이고, 늦으면 늦는 대로 순서를 기다리면 된다. 몸은 좀 피곤하겠지만 마음은 훨씬 편하다. 마음의 빚이 없으면 어딜 가든, 무엇을 하든 떳떳하게 행동할 수 있다.

살을 빼는 자세로 인맥 다이어트를 해야겠다. 핸드폰의 주소록에는 250여 개의 연락처가 있고, 단체카톡방도 열다섯 개가량 된다. SNS와 카페, 블로그에 얼굴만 아는 지인들도 많다. 심지어 10년 전에 한두 번 만난 후, 안부는 물론 생사도 모르는 사람까지 이름으로만 남아있다. 주변 사람들에게 잘해야 한다는 강박관념과 내가 좋은 사람으로 남아 있어야 한다는 그릇된 생각만 갖고 있다. 스트레스 해소와 삶의 질을 높이기 위해서 인맥을 줄이려는 노력이 필요하다.

인맥 다이어트를 위한 몇 가지 지침을 정하고 실천하려고 한다. 오래되어 연락이 없거나 불편한 전화번호는 과감하게 삭제한다. 모르는 전화는 받지 않고 계속 연락이 오면 '수신차단'으로 처리하고, 불필요한 카페와 카톡방에서 탈퇴한다. 각종 모임의 참석과 새로운 회원 가입을 자제한다. 앞으로 많은 사람과 관계를 유지하지 않으면 낙오된다는 두려움과 인맥으로부터 덕을 볼지도 모른다는 허영심을 버려야 한다.

　양보다 질이 중요하다. 단 몇 명이라도 가까이서 나를 지지해주고 격려해주는 사람이 진정한 인맥이다. 지금까지 그런 사람을 살뜰하게 챙기지 못했으니 실망감만 더 많이 안겨주었을 것이다. 바쁘거나 아프다는 핑계로, 중요하지도 않은 모임에 참석한다는 이유로 그들에게 소홀히 했다. 이제는 나를 생각해주는 사람들과 함께 즐거운 시간을 오래도록 보내고 싶은 마음이다.

　'카톡, 카톡'

　또 카톡이 울린다. 혹시나 하는 유혹에 눈과 손이 스마트폰으로 향한다.

줄눈

 틈나는 대로 여행을 다닌다. 여행을 자주 간다고 특별히 달라지는 건 없지만 추억과 영상은 남는다. 몇 년 전에 갔었던 안동 문학기행의 자료를 정리하다가 '신세동칠층전탑新世洞七層塼塔'을 찍은 사진에서 특이한 그림이 눈에 잡힌다. 벽돌로 만들어진 전탑 중간 중간에 고들빼기꽃이 몇 송이 피어 있고, 개망초도 푸릇푸릇 자라고 있다. 어떻게 벽돌 사이에서 꽃을 피울 수 있을까.
 베란다의 화분에 물을 주다가 벽면을 한참 바라보았다. 이름도 모르는 작은 벌레 한 마리가 타일 사이의 좁고 하얀 길을 따라 열심히 횡단하고 있다. 가끔은 수직으로 방향을 틀어 내려가다가 다시 올라와 앞으로 나아간다. 잠시 미끄러지면 열심히 제자리로 돌아와 계속해서 이동한다. 메카로 향하는 순례자처럼 작은 벌레가 이동하는 저 틈새 길은 왜 만들었을까. 분명 내가 모르는 사연이 있을 것이다.

인터넷을 한참 검색하다가 '줄눈'이란 우리말을 알게 되었다. 건축 용어인 줄눈은 벽돌과 벽돌, 타일과 타일 사이의 공간에 만들어진 틈을 말한다. 그 공간은 벽돌과 타일을 단단하게 고정하기 위해 백회(석회)나 모르타르, 레진, 석재본드 등을 바르거나 채우는 곳이다. 줄눈은 가로줄눈과 세로줄눈으로 구분하고, 벽면의 타일처럼 상통相通하는 줄눈을 '통눈'이라 한다. 전탑이나 벽돌 담장은 하중을 분산시키기 위해 켜켜이 엇갈리게 쌓아 올려 줄눈의 위아래가 서로 통하지 않도록 만들어야 한다. 이런 줄눈은 '막힌 줄눈'이라 부른다.

줄눈을 채우는 작업을 '줄눈시공'이라 한다. 줄눈시공을 하지 않고 백시멘트 상태로 두면 균열과 물때가 생기고, 곰팡이가 번식할 수 있다. 게다가 오염도까지 높아 쉽게 더러워지기도 한다. 반면 다양한 기술의 줄눈시공을 꼼꼼히 하면 위생과 방수에 효과적이고 미관상으로도 좋다. 그래도 시공이 부실하거나 오랜 세월이 지나면 줄눈에 금이 가고 부서져 흘러내릴 수도 있다.

벽면에 벌레가 다니는 길과 전탑에 꽃이 피는 곳의 이름은 줄눈이다. '신세동칠층전탑'은 지은 지 너무 오래되어 벽돌 사이의 줄눈이 부서져 공간이 생겼다. 그 틈에 고들빼기 씨가 날아 들어가 꽃을 피웠고 개망초도 자리를 잡았다. 신라 도공이 처음 전탑을 세울 때 이런 점도 염려했겠지만 수많은 전란과 부실한 관리로 인한 파손은 생각하지 못했을 것이다. 아무리 탄탄한 전탑이라도 세월의 풍파를 이겨내지 못하면 힘없고 연약한 들풀에 자리를 내어주는 게 자연의 법칙이다.

철로의 레일은 더우면 팽창하고, 추우면 수축하기 때문에 1cm 정도 간격을 두고 설치한다. 그렇게 여유를 두지 않으면 여름철의 철로는 활 모양으로 휘게 될 것이다. 인도의 보도블록과 아스팔트 도로, 교량도 온도에 따라 팽창과 수축을 반복한다. 최근에 기록적인 불볕더위로 도로가 파손되거나 솟아올랐다는 뉴스를 몇 번 들었다. 도로를 공사할 때 일정 간격으로 팽창 줄눈과 수축 줄눈을 만들어야 하는데 이를 무시하고 작업한 결과 그런 사고가 발생했을 것이다.

동창회나 동아리 모임에 자주 참석한다. 사람들이 많이 모이면 자신의 주장만 내세우며 목소리를 팽창시키는 사람이 있다. 언쟁이 심해져서 회의가 난장판이 되는 경우도 몇 번 보았다. 아무리 화가 나더라도 일정한 한계를 벗어나 개인적인 주장을 내세우거나 너무 위축되어 한마디 말도 하지 못하고 속으로만 구시렁거리면 안 된다. 자신의 목소리를 언제 팽창시키고 언제 수축시켜야 하는지를 알아야 한다. 줄눈 속에 갇혀있는 사각형 타일처럼 일정한 범위 안에서 자신의 의견을 제시해야 한다.

벽면의 줄눈을 보고 있으면 바둑판이나 모눈종이가 연상된다. 좀 더 크게 확대하면 도시계획에 의해 잘 정비된 시가지를 보는 듯하다. 밤중에 멀리서 아파트 유리창을 바라보면 사람들이 줄눈 속에 사는 것처럼 보인다. 줄눈 사이의 사각형 한 칸 한 칸은 우리가 생활하는 주거공간을 의미할지도 모른다는 생각이 든다.

줄눈은 서로의 공간을 공평하고 평등하게 나누어주는 경계선이다. 그 선은 개인의 고유한 활동 범위이기도 하지만 상대를 인정하고 배려하는 마음이기도 하다. 서로의 영역을 침범하지 않고 절제하면서 자유롭게 살 수 있는 구역을 가로세로의 줄눈이 만들어 놓았다.

해운대의 미포항에서 광안대교와 오륙도를 일주하는 유람선을 타면 어김없이 갈매기들이 따라온다. 승객들이 과자나 빵 부스러기를 던지면 잽싸게 날아와 먹이를 낚아채어 먹는다. 마치 갈매기들이 공중서커스를 펼치는 듯하다. 그러다가 광안대교의 중간쯤을 지나면 갈매기들은 모두 돌아간다. 오륙도를 근거로 살아가는 갈매기들의 영역을 침범하지 않기 위해서다. 갈매기들 사이에는 눈에 보이지 않지만, 서로의 터전을 인정하는 줄눈이 그어져 있다. 인간처럼 서로 비난하며 싸우지 않고 서로의 공간을 존중하며 살아가는 갈매기의 행동은 우리에게 많은 것을 암시해 주고 있다.

신혼 시절, 아내와 자주 싸웠다. 1년 가까이 연애를 하면서 서로를 사랑한다는 믿음 하나로 결혼을 했다. 시간이 지나면서 우리는 서로의 내면 깊숙이 잠재된 욕구를 알지 못했다는 사실을 깨달았다. 사소한 일로 다투기 시작하면 아무 관계없는 형제나 집안 문제까지 들추어냈다. 건드려서는 안 될 고유의 영역까지 휘젓고 들어가 오랫동안 마음의 눈물을 흘리게 했다. 30년이 지난 지금에서야, 그때 왜 철없는 말과 행동을 했는지 후회와 반성을 해본다.

아무리 친한 사이라 할지라도 서로 침범해서는 안 될 마지막 자존심이 있다. '우리는 하나다. 허물없이 지낸다.'라는 말의 뜻은 각자의 개성과 장단점을 파악하고 그 차이를 이해한다는 의미이다. 이기적인 말과 행동보다는 상대를 먼저 생각하고 존중하는 마음속의 줄눈을 만들면 사랑과 우정을 오래오래 나누면서 즐길 수 있을 것이다.

타일이나 전탑의 줄눈에 금이 가거나 부서져 흘러내리면 쉽게 보수할 수 있다. 친구나 부부 사이에 줄눈이 허물어지면 복구하기가 여간 어려운 일이 아니다. 서로의 영역을 인정하고 배려하는 마음이 있어야만 더 튼튼한 신뢰 관계를 만들 수 있다.

작은 행복

1. 장미 한 다발

A는 중소기업에 다니는 기술직 노동자다. 월급은 적지만 시장에서 옷가게를 하는 아내 덕분에 아들딸을 어렵지 않게 대학까지 공부시켰다. 15년 전 운영하던 공장이 부도나면서 빈털터리가 되어 삶을 포기하고 싶을 때도 있었다. 이제 자그마한 아파트에 살면서 중고차도 한 대 굴릴 수 있고, 자식들도 다 키웠다는 사실에 만족하면서 즐겁게 살려고 노력한다. 그는 아무 불평 없이 함께 고생하면서 살아준 아내를 늘 고맙게 생각하고 있다.

아내가 환갑이 되는 생일이 가까워질수록 무슨 선물을 해주어야 하는지를 고민하게 되었다. 차를 몰고 퇴근하던 중, 신호를 기다리다가 꽃을 한 다발 들고 건널목을 건너가는 젊은이를 보았다. '아! 꽃. 장미.' 그의 머릿속은 결혼 전 아내와 데이트를 하던 시간으로 가득 채워졌다. 아내와 함께 주택가를 걷다가 담벼락을 타고 내려오는 빨간 장미꽃이 오롱조롱 매달려 있는 것을 보았다. 한 송이를 꺾어 아내에게 주었고, 아내는 너무 좋아하며 씽글거렸다.

아내의 생일 전날, A는 비상금을 털어 동네 꽃집에서 장미 한 다발을 샀다. '사랑합니다. 축하합니다.'라고 적은 쪽지와 함께 아내의 품에 안겨주었다. 아내는 꽃다발을 식탁에 올려놓고 "무슨 돈으로…, 쓸데없는 꽃을 왜 이렇게 많이 샀어요."라고 화를 내며 방으로 들어갔다.

다음날 A는 새벽에 일어나 거실로 나왔다. 식탁의 꽃병과 거실의 커다란 물병에 장미가 예쁘게 담겨 있었고, 장미와 아내의 향기가 온 집안을 가득 채웠다. 꽃병 아래 아내가 적어 놓은 메모도 있었다. '나도 당신을 사랑합니다. 챙겨줘서 고맙습니다.' A는 울컥하는 감정을 억누르며 입가에 엷은 미소를 지었다.

2. 어떤 남자의 일상

B는 어려운 환경에서 학창 시절을 보냈다. 모두가 가난하던 시절이어서 누구를 원망할 것도 없었다. 학교 가면 친구를 만날 수 있어 좋았고 김치와 멸치 반찬으로 도시락을 나누어 먹을 수 있다는 사실에 만족했다. 가끔은 교무실에 불려가 몇 시간 동안 무릎 꿇고 반성문을 적었지만 지루한 물리나 화학 수업을 듣지

않아도 된다는 생각으로 위안 삼았다. 학업 성적이 뛰어나지 못했고 형편도 어려워 이름 있는 대학에 가지 못했으나 인근 지방대학이라도 다닐 수 있어서 천만다행으로 생각했다.

  B는 가정보다 직장이 우선이라고 생각하며 회사 일에만 최선을 다했다. 밤을 새워 일한 적도 있지만 술을 마신 적이 더 많다. 직장에서 살아남기 위해 어쩔 수 없는 선택이었다. 상사를 잘 모시고 동료들과 잘 어울려야만 직장에 오랫동안 붙어있을 수 있고 그것이 가정을 위한 길이라고 판단했다. 집안의 경조사와 자식 교육은 아내가 알아서 할 일이었다. 아내에게 잔소리를 많이 들었으나 쇠귀에 경 읽기였다. 퇴직한 지금은 가정에 너무 소홀했다는 것을 반성하며 아내에게 미안한 마음을 갖고 산다.

  이제 B는 아내가 시장에 가면 기사와 짐꾼을 자처한다. 마트나 백화점의 할인판매 상품을 구경하면서 소곤소곤 대화도 많이 나눈다. 아내가 바지를 고르면서 검은색과 베이지색 중에서 어떤 것이 좋은지를 물으면 베이지색이 좋다고 말한다. B가 점심을 살 때는 '돼지국밥'을, 아내가 사면 '아귀찜'을 먹는다. 서로의 생각을 존중하며 맛있게 먹는다. 식사 후, 함께 마시는 자판기 커피는 더욱 달콤하다. 가끔 아내와 극장에 간다. B는 영화를 볼 때마다 아내의 손을 잡을까 말까 고민하고 있다.

3. 나눔의 행복

　C는 50대 중반에 다니던 직장에서 명퇴하고 고향, 청도로 내려왔다. 돌아가신 아버지가 농사짓던 땅에 어릴 적 꿈을 심어 자신의 유토피아를 만들고 싶었다. 동네 어르신들과 일찍 귀농한 친구들에게 많은 것을 배우면서 열심히 노력했지만 이삼 년 동안 별다른 결과가 나타나지 않았다. 그는 토양 날씨 기온 식물의 특성 작업내용 사진 등을 기록하고 분석하며 취업을 준비하는 대학생처럼 연구를 계속했다.

　6년이 지나면서 성과물이 나오기 시작했다. 동네 사람들과 친척들에게 과일과 채소를 자랑스럽게 나누어줄 수 있었고, 농산물시장에도 당당하게 자신의 이름을 건 상품을 경매에 내놓았다. 그제야 도시에서 생활하던 아내도 시골로 내려와 남편의 농사일을 거들었다. 동네 사람들로부터 어느 정도 인정을 받는 농사꾼이 되었고, 나름대로 자부심과 긍지를 갖고 깨끗하고 품질 좋은 친환경 농산물을 생산하기 위해 최선을 다하고 있다. 그는 '작물은 농부의 발걸음 소리를 듣고 자란다.'라는 말을 믿는다.

　C가 고향에서 농사를 시작한 지 10년이 지난 작년 늦가을. 도시에 사는 친구 두 명이 농장을 방문했다. 운문댐과 망향정 보이는 농장의 깔끔한 자연환경을 보고 친구들은 두 팔을 벌려 숨을 크게 내쉬었다. 각각의 모양과 색깔을 뽐내고 있는 고추와 배추, 사과와 대추, 단감나무와 뽕나무를 보면서 친구들은 입을

다물지 못했다. 친구들은 자신의 영토 위에서 꿈을 키워가고 있는 C를 부러워했고, C의 아내에게는 대단하다는 격려와 함께 엄지 척을 해주었다. C부부는 친구들에게 과일을 한 보따리씩 싸주면서 온몸에 넘쳐흐르는 행복도 함께 나누어주었다.

성공과 명예, 부를 거머쥔 사람이 반드시 행복한 것도 아니고, 때를 묻히고 허리를 숙이며 밑바닥 인생을 사는 사람이라고 불행한 것도 아니다. 행복은 물질적 부유함과 비례하는 것도, 남들이 대신 평가해주는 것도 아니다. 심리학자나 경제학자들이 만들어내는 '행복지수'라는 통계도 그렇게 큰 의미는 없다.

행복은 자신의 일상생활에서 만족과 기쁨을 느끼는 상태를 말한다. 형편이 조금 어렵더라도 서로 이해하고 배려하는 마음만 있다면 우리가 원하는 작은 행복을 잡을 수 있다고 생각한다.

파랑새는 우리의 마음속에 있다.

소환

　있을 땐 몰라도 없으면 아쉬운 물건이 있다. 경제적 가치를 떠나 그 물건에 추억과 사랑이 곁들어 있다면 두고두고 생각난다. 다시 만들거나 구매할 수 있으면 좋겠지만 그렇게 할 여건이 안 된다. 한때는 나에게 무엇보다 소중했던 애장품을 기억의 창고에서 불러내어 본다. 희미하지만 상상으로나마 그것들을 만져보고 느낄 수 있어서 얼마나 다행인지 모르겠다.

1. 사인 수첩

　중학교에 입학하기 전 2월이었다. 마산에서 친구들과 시외버스를 타고 진해공설운동장으로 향했다. 그곳은 축구 국가대표, '청룡팀'이 매년 동계 훈련을 하는 곳이다. 앙상한 벚나무 숲 사이로 햇볕을 온몸으로 받아들이고 있는 운동장에 들어섰다.

꿈에서나 볼 수 있었던 우리의 영웅들이 눈앞에 보이는 순간, 입을 다물지 못했다. 나는 이회택 선수가 잘 보이는 곳에 자리를 잡았다. 너무 멋지다. 그분의 환상적인 몸동작을 보면서 가슴이 터질 것 같았다. 휴식시간이 왔다. 우리는 미리 준비해 간 볼펜과 작은 수첩을 들고, 하나라도 더 많은 사인을 받기 위해 송사리 떼처럼 몰려다녔다. 당시 고3이었던 차범근 선수까지 20여 명의 필체를 수첩 한 권에 담았다.

국가대표 축구 선수들의 사인 수첩은 나의 재산 목록 1호가 되었다. 우상들이 보고 싶을 때, 수첩을 보면서 그들이 운동장에서 멋지게 공을 차는 모습을 생각했다. 1년 동안 수첩을 집에서만 보면서 좋아했다. 2학년에 진급하면서 새로운 친구들에게 자랑하고 싶었다. 수첩을 가방에 넣고 학교에 다녔다. 생각대로 친구들은 너무 부러워했고, 수첩을 갖고 싶어 했다. 며칠 후, 집에 와서 가방을 뒤져 보았다. 수첩은 사라지고 없었다. 잃어버린 게 아니라 도둑맞은 것이었다. '바보'라는 소리를 들을까 봐 누구에게도 말하지 못했다. 초등학교 때 찍은 흑백 사진처럼 지금까지 잘 보관하고 있었으면 얼마나 좋을까. 누군가 나의 즐거움을 훔쳐갔지만 자랑한 게 원인이다.

2. 낙서 노트

고등학교 1학년 때부터 졸업할 때까지 매년 낙서 노트를 한 권씩 작성했다. 그렇게 두껍지도 않고, 일기 형식으로 적은 것도 아니었다. 우리 반 친구들의 특징과 교실 분위기. 선생님들의 별명과 좋은 말씀. 감동적이고 교훈적인 시와 명언. 좋아하는 가수와 가요, 팝송. 직접 작성한 시와 편지. 그때그때의 특별한 감정. 여자 친구들의 모습과 생각. 삼색 볼펜으로 갈겨놓은 낙서와 그림 등을 노트에 담았다. 그 노트는 3년 동안 심심할 때, 기분이 좋고 나쁠 때, 외롭고 쓸쓸할 때 내 마음을 털어놓을 수 있는 상담사 역할을 했다.

대학을 졸업할 때까지 1년에 몇 번씩 낙서 노트를 보곤 했었다. 여고 교사가 되어 2학년 담임과 수업을 맡았고 나는 학교 인근에서 자취를 했다. 여학생들은 가르쳐주지도 않은 자취방을 알아낸 후, 불쑥불쑥 집으로 찾아왔다. 내가 없어도 친구들끼리 밥과 반찬을 해 먹은 다음 책상을 뒤져 놓고 가는 경우가 허다했다. 여름방학 직전, 책상을 정리하면서 낙서 노트가 없어졌다는 것을 알았다. 범인을 잡겠다고 학생들을 불러 추궁하지 않았다. 추억이 담긴 노트도 중요하지만 어린 학생들의 호기심과 순정에 상처를 입힐 수는 없었다. 나에게 아쉬운 추억이 누군가에게는 아름다운 추억이 될 수 있다.

3. 넥타이핀

장사를 그만두신 어머니는 부산에 자주 오셨다. 서너 달 정도 우리 집에 머물다가 마산의 형님 집으로 가셨다. 어느 날, 퇴근하는 나에게 어머니는 조그마한 선물상자를 주셨다. 감사한 마음으로 상자를 열었다. 암갈색 사파이어가 박혀있는 18금 넥타이핀이었다. 금방에 별도로 주문·제작한 것으로 색상과 디자인이 내 마음을 확 끌어당겼다. 내가 좋아하는 표정에 어머니는 환하게 웃으셨다. 일반 넥타이핀도 여러 개 있었지만 특별한 경우를 제외하고는 어머니의 선물을 가슴에 달고 다녔다. 어렵고 힘든 일이 있을 때, 넥타이핀을 보면 어머니가 나를 지켜주고 계시는 것 같아 마음이 든든했다. 5년 가까이 나의 수호신 역할을 했다.

입사 동기, 누군가의 생일이었다. 횟집에서 건하게 1차를 마치고, 2차 노래방을 가면서 넥타이핀을 확인했다. 혹시나 하는 마음에 핀을 뺄까 말까 망설이다가 그냥 들어가서 노래를 몇 곡 불렀다. 포장마차에서 3차를 했다. 택시를 타고 가다가 동네 맥주 집에 들러 한 잔 더 마셨다. 비틀거리면서 집으로 들어갔다. 다음날 출근 준비를 하면서 넥타이핀이 없어졌다는 것을 알았다. 어디쯤에서 잃어버렸는지 감을 잡을 수 없었다. 퇴근 후, 어제 갔던 술집을 일일이 찾아다니며 주인을 만났다. 다들 내가 넥타이핀을 착용했는지조차 몰랐다고 했다. 나는 술독에 빠져 어머니의 마지막 선물을 잃어버렸다. 아쉬움이 가장 많이 남는 물건이지만 잃어버릴 건 언젠가 잃어버린다.

글을 쓰는 이유 중 하나는 소중했던 사람이나 물건에 대한 추억을 남길 수 있다는 것이다. 더 늙어 기억이 희미해지기 전에 추억의 영상을 글로 남겨 놓아야 한다. 덧없는 세월이 지나고 또 지나면 다람쥐처럼 숨겨놓은 도토리를 못 찾는 경우도 발생한다. 아무도 모르는 도토리를 찾아 글로 남기는 즐거움은 혼자만 알고 있다가 잊어버리는 상실감보다 훨씬 더 의미 있는 일이다.

 사라진 물건들을 기억으로 더듬어 보면서 아쉬운 마음과 함께 쏜살같이 날아간 젊은 시절도 생각난다. 항상 40대, 50대로 남아 있을 것만 같았던 중년의 시간도 이제 까마득한 과거로 느껴진다. 지나간 세월 속에 내가 진정 아쉬워해야 할 것은 사라진 물건이 아니라 야망을 잃어버렸다는 것이다. 그나마 마음 한구석에 티끌만 한 꿈이 남아 있다는 게 얼마나 다행인지 모르겠다. 티끌에 불씨를 소생시켜 젊었을 때의 열정과 패기를 소환召喚하고 싶다.

글밭에서

　입구에 들어서자 '최백호'의 〈낭만에 대하여〉가 흘러나온다. 소박하게 생긴 막걸릿잔이 나무 탁자 위에 놓인다. 주인아주머니의 상냥한 목소리가 마음을 사로잡는다. 네댓 명 앉아 있는 손님들의 모습이 정겹게 느껴진다. 내 집처럼 편안하고 기분도 좋다. 덤으로 유리창엔 빗방울이 차락거리고 있다.
　고등학교 졸업 직전부터 음주문화에 휩싸였다. 아버지가 유일하게 물려준 탁월한 주량과 선천적인 해독능력은 타의 추종을 불허했다. 지인들의 부러움과 격려에 힘입어 거침없이 달렸다. 친구와 술만 있으면 시간과 장소를 가리지 않았다. 집안의 대소사는 아내가 알아서 할 일이라고만 생각했다. 잔소리를 많이 들었다. 그래도 가정과 직장, 사랑과 우정을 위해 험난한 가시밭길을 가지 않을 수 없었다.
　쓸데없는 오만과 자만심은 가끔 낭패를 불러왔다. 젊은 패기를 앞세워 사소하게 다투는 일도 있었다. 방향감각을 잃은 채 버스나 지하철을 타고 생전 처음 보는 동네에도 갔었다. 사나이 가는 길을 가로막는 담벼락과 전봇대를 잡고 시비도 걸어 보았다. 비틀거리다가 길바닥에 넘어져 얼굴에 상처가 나기도 했다. 아파트 복도에서 한참을 자다가 추워서 부스스 일어난 적도 있다. 그래도 나를 믿고 곤히 잠들어 있는 가족들을 깨우지 않았다. 어떤 경우에도 아파트 현관문은 내가 열었다.

이제는 유흥가의 비싸고 화려한 술집에 가고 싶지 않다. 아니, 갈 수도 없다. 나이트클럽에서 몸을 비비거나 노래방에 가서 탬버린을 칠 기운은 소진되었다. 술을 권하면서 흥을 돋우는 바람잡이 역할을 할 나이도 지났다. 한잔 얻어먹기 위해 마음에도 없는 사람과 억지로 앉아 있는 것은 너무 불편하다. 결론도 없는 정치 이야기를 하면 머리가 아프다. 점쟁이처럼 사주를 이용해 운명을 말하는 사람을 만나면 짜증이 난다. 차라리 혼자 마시면서 벽과 대화하는 것이 훨씬 편하다.

세월에 변하지 않는 것은 없고, 술에는 장사가 없다. 육체는 허약해지고 마음은 나약해졌다. 나에게도 신앙이 필요했다. 나이가 들면서 '주신酒神'이 계신다는 것을 깨달았다. 그분은 "항상 즐겁고 적당하게 마실 것. 얻어 마셨으면 반드시 대접할 것. 최소한 빨간 날은 집에서 쉴 것."이라고 말씀하신다. 10년 넘게 그분의 말씀을 믿고 잘 따르고 있다. 내가 저승으로 거처를 옮기면 그분이 나를 좋은 곳으로 안내할 것이다.

얼마 전, 나는 왜 40년 넘게 술을 좋아하고 있는지 생각해 보았다. 젊었을 때는 일탈과 반항, 자유와 정의가 담겨 있는 술잔을 들었다. 이제는 바람처럼 지나간 세월과 알 수 없는 미래의 시간을 칵테일처럼 섞어 마신다. 추억과 상상의 보따리에서 나오는 생각을 안주 삼아 먹는다. 누구랑 함께라도 좋고 혼자라도 좋다. 우리의, 나만의 공간에서 삶의 운치와 여유를 즐기고 싶은 마음이다.

오늘은 마음속에 그려 놓은 술집을 발견했다. 이기대공원 입구 맞은편 골목에 허름한 빈대떡집에 들어갔다. 예닐곱 평 남짓한 아늑한 공간에 우리 세대의 노래가 감미롭게 흐른다. 훈민정음 언해본 벽지 위에 주인의 자작시와 함께 캐리커처가 걸려 있다. 작자 미상의 풍경화가 운치를 더해준다. 그게 다가 아니다. 술병이 가득 찬 냉장고 위에는 문학서적 사오십 권이 천장에 닿도록 쌓여 있다. 주인아주머니는 함께 대화를 나눌 수 있는 문사임에 틀림 없다. 내가 그토록 찾아 헤매던 술집을 이제야 찾았다. 번잡한 도심에서 한갓진 은신처를 발견한 기분이다.

적당하게 마신 술은 나를 활기차게 만든다. 술이 아닌, 사람과 문향文香에 취할 뿐이다. 그 기운은 나에게 상상의 날개를 달아 준다. 날개를 활짝 펼치며 글감을 찾을 수 있는 지금 이 술집이 글밭이다. 밭을 일구는 농부는 문전옥답이나 천수답을 가리지 않는다. 밭을 갈고, 씨를 뿌리고, 물을 대고, 김을 매면서 하늘의 뜻을 기다린다. 서두르지 않는 농부처럼 느긋한 마음으로 글밭을 가꾸고 싶다. 아등바등 구차스레 살고 싶지 않다.

수필집을 읽다 보면 사막과 낙타, 외국의 유명한 관광지, 우리나라에서 볼 수 없는 신기한 자연현상 등을 소재로 한 이야기가 많이 나온다. 나도 그런 수필을 적고 싶지만 능력도 없고 외국에 자주 다닐 형편도 안 된다. 그저 조용한 술집에 앉아 지인들과 나눈 너스레를 적을 뿐이다. 그것도 그렇게 나쁘다고 생각지는 않는다. 사막을 묵묵히 횡단하는 낙타처럼 내가 가야 할 길만 천천히 가다 보면 목적지의 불빛이 보일지도 모르는 일이다.

맞은편에 40대로 보이는 남녀가 환한 표정을 지으며 술잔을 비운다. 나는 그들을 보면서 무슨 글을 적을 수 있을까 생각해 본다. '술잔 속의 연인' '너와 나의 미래', 아니다. 차라리 나를 기분 좋게 만들어준 '빈대떡집 이야기'면 좋겠다. 생각만으로 한 편의 글이 완성되지는 않는다. 지금도 컴퓨터 폴더에는 시침질만 끝내고 팽개친 글들이 얼마나 많은가. 그래도 좋다. 언젠가 완성시킬 수 있다는 희망을 품고 나는 늘 생각하고 고민한다. 그런 시간이 있어 즐겁고 살아가는 의욕도 느낄 수 있다.

내 삶의 우선순위가 바뀌었다. 5년 전 우연히 만난 수필이 술을 끌어내리고 최고 상석에 앉아 있다. 내 가슴에 스멀스멀 파고들던 수필이 나도 모르게 거대한 정변을 일으켰다. 그렇게 싫지만은 않다. 당분간 그 체제를 인정하면서 살고 싶다.

좋은 글을 쓰고 싶은 로망이 60대 술꾼의 마음속에서 가물거리고 있다. 욕심만으로 좋은 글을 쓸 수는 없다. 그저 내가 좋아하는 글밭에 앉아 이런저런 상상을 하면서 언젠가 그 불꽃을 피울 수 있을 거라고 기대해 본다.

  컴퓨터에 갇혀 있는 미생의 글들이 나를 부르며 기다리는 것 같다. 버스 뒷좌석에 앉아 그들을 생각하며 가야겠다. 오늘 밤 한 편이라도 살려 출가를 시켰으면 좋겠다.

제2부

냉장고를 지키며

주방

　모두 나에게만 오면 끝장이다. 비싼 소고기도 좋고 맛있는 돼지 삼겹살도 좋다. 하늘만 바라보며 이슬을 마신 나물이든 땅속으로만 달려가는 풀뿌리든 상관없다. 멀리 태평양 심해에 살던 생선이건 가까운 연해에서 자란 해조류건 개의치 않는다. 나에겐 대장간에서 몸을 단련시킨 다양한 종류의 칼과 전남 장흥 출신의 편백나무 도마가 있다. 싱크대라 불리는 나의 심장에는 깨끗한 물이 콸콸 쏟아지고, 스위치만 누르면 활활 타오르는 불이 있다. 두려울 것도, 못할 것도 없다.

　나를 마술사라 부르는 사람도 있다. 틀린 말은 아니다. 아무리 더러운 그릇도 나에게만 오면 빤짝빤짝 빛나게 된다. 주인이 원하는 요리를 뚝딱뚝딱 맛있게 만들 수 있다. 지금까지 내가 해본 요리는 국 찌개 볶음 찜 전골 조림 생채 전 구이 등, 이루 말할 수 없다. 마술사가 가끔 실수하는 것처럼 나도 국을 찌개로 만들거나 찌개를 찜처럼 만드는 실수를 할 때가 있다. 그 잘못은 주인이 음식을 만들면서 TV를 보거나 친구와 정신없이 통화하기 때문에 생기는 일이다. 주인님, 요리할 때는 제발 나에게만 신경을 써 주세요.

나에게 딸린 식구도 많다. 좌 가스레인지, 우 냉장고. 사신도에 나오는 청룡과 백호를 누가 더 우월하다고 말할 수 없는 것처럼 두 놈도 그렇다. 하나는 성질이 불같이 뜨겁고, 다른 놈은 얼음처럼 차갑다. 같이 붙여놓을 수가 없다. 중간에 자리 잡은 싱크대가 그들의 접근을 통제하고 있다. 머리와 다리에는 각종 양념이나 그릇, 프라이팬 등을 보관하는 수납장과 선반이 있다. 그들 덕분에 나의 외모는 더욱더 깔끔해졌고 여유 있는 공간도 확보할 수 있다. 난방과 온수를 책임지는 가스 배관은 내 몸속에 혈관처럼 뻗어 있다.

쌀통이나 냉장고에 들어간 물건은 선입선출법先入先出法이 적용된다. 수납장에 얌전히 앉아있는 그릇이나 커피잔들은 그 법칙이 적용되지 않는다. 새로 산 그릇만 사용하다가 그것이 싫증이 나거나 깨지면 다시 사들인다. 12년 전, 수납장에 들어간 꽃이 그려진 접시는 아직 한 번도 세상 구경을 못 하고 있다. 아마 숨이 막혀 죽었는지도 모르겠다. 주인은 그게 있는지도 모를 것이다. 세상사 다 그렇다고 이해를 하려고 해도 다른 가족들도 언젠가 외면당할지 모른다고 생각하면 마음이 편치만은 않다.

두 발짝만 걸어가면 나의 사촌들이 모여 사는 공간이 있다.

쌀통과 전기밥솥, 커피포트 같은 터줏대감과 차례로 입주한 전자레인지 김치냉장고 토스트기가 잘 어울려 살고 있다. 그중 전기밥솥은 두 번이나 바뀌었다. 혼자 열을 많이 받고 풀지 못해서 스스로 수명을 단축시켰다. 전자레인지와 토스트기는 거의 매일 공휴일이다. 반면에 김치냉장고와 커피포트는 1년 내내 빨간 날이 없다. 매일 바쁘게 열심히 일한다. 그런데도 주인은 그들에게 칭찬 한마디 없다. 같은 동료라도 열심히 하는 놈과 그렇지 못한 놈을 구별해야 하는데….

그 옆으로 식탁이 있다. 전에는 4명이 함께 식사했는데, 지금은 2명밖에 보이지 않는다. 그렇다고 신혼부부는 아닌 것 같다. 조용히 밥만 먹고 후다닥 일어선다. 부부가 맞는지 모르겠다. 가끔 식탁 위에 꽃병이 올라오면 텃밭을 화단으로 가꾸어 놓은 기분이다.

나의 원래 이름은 '부엌'이었다. 옛날에는 '부뚜막'이나 '정지'라고도 불렀다. 아파트가 본격적으로 보급되면서 나는 빠른 속도로 진화해 왔다. 부엌이라는 단어에서 불편하고 촌스러운 냄새가 난다는 이유로 현대적인 이미지를 가진 현재의 이름으로 개명했다. 이제는 단순하게 음식을 조리하고 식기를 씻는 공간이 아니다. 생각지도 못했던 TV, 컴퓨터, 스마트가전들이 우리 가족으로 입양되어 오고 있다고 한다. 첨단 시설과 기술력이 집약된 하나의 문화 공간, 소통의 공간이다. 사람들은 나의 공간에 앉아서 음악도 듣고 책도 읽는다. 젊은이들은 나를 '아트키친'이나 '시스템

키친'이라 부른다. 그렇게 어색한 말은 아닌 것 같다.

나의 주인이 바뀌었다. 전에는 안주인이었는데, 지금은 바깥양반이다. 며칠 하다가 그만두겠지 생각했는데 4년 넘게 나를 통제하고 있다. 30년 가까이 직장생활을 했으면 좀 쉬지. '삼식이' 소리 좀 들으면 어때. 남자가 쪼잔하게 요리를 한다고. 그래도 재미가 있는 모양이다. 매일 새로운 것을 만든다고 바쁘다. 땀까지 뻘뻘 흘리면서 요리하는 모습을 보면 안쓰러운 마음도 생긴다. 안주인에게 잔소리를 듣지 않기 위한 중년의 마지막 발악인지 모르겠지만 그 의지는 칭찬할 만하다.

자연스럽고 민주적인 방법으로 주인이 바뀌었지만 나로서는 아쉬운 점도 있다. 남자의 투박한 손길과 여자의 부드러운 그것과는 느낌이 다르다. 술을 좋아하는 바깥양반은 새벽시간에 가끔 술 냄새를 풍기며 요리를 한다. 안주인은 화장하지 않아도 몸에서 풍겨 나오는 향수 냄새가 나를 기분 좋고 활기차게 만들어 준다. 그래도 어쩔 수 없다. 아무리 정치인들이 밉고 싫어도 그 임기가 끝날 때까지는 그를 따를 수밖에 없지 않은가.

내가 품은 바람은 단 하나다. 주인과 가족들이 나의 공간에서 만들어진 맛있는 요리를 즐겁게 먹는 것이다. 아무리 바쁜 아침 시간이라도 시래깃국 한 숟가락 떠먹고 가는 모습이 나를 흐뭇하게 만든다. 봄에는 상큼한 채소를, 여름에는 시원한 냉국을, 가을에는 향긋한 송이버섯 전골을, 겨울에는 칼칼한 동탯국을 제공할 수 있어 나는 행복하다.

주인과 가족들의 건강은 내가 책임진다. 그것이 내가 존재하는 이유가 아니겠는가.

봄동

 몇 년 전 1월, 청산도에 간 적이 있다. 청산도는 완도에서 뱃길로 한 시간 가까이 걸린다. 영화 〈서편제〉에 나오는 그림 같은 풍경과 마을을 서로 연결하는 '슬로길'을 둘러보고 싶었다. 시간이 부족하거나, 청산도가 나를 놓아주지 않으면 하룻밤을 더 묵으면 된다. 여행의 목적을 달성하지 못한 채 그냥 돌아왔다가 두고두고 후회한 적이 한두 번이 아니었다. 느긋한 마음으로 출발을 했다.
 청산도靑山島. 이름 그대로 늘 푸른 섬이다. 신비스러운 매력을 간직한 그곳에는 시간이 멈춰있었다. 1970년대까지 청산도의 '고등어와 삼치 파시波市'는 연평도의 '조기 파시' 못지않았다. 그러다가 어느 때부터인가 화려한 축제를 끝낸 무대처럼 사람들의 기억 속에서 사라졌다. 30년이란 세월이 지난 후, 이번에는 청산도의 자연경관을 보기 위해 많은 관광객이 찾고 있다. 하지만 아직도 섬 주민들의 삶은 고달프다. 다도해의 다른 섬에서는 양식을 많이 하지만 이곳은 풍랑이 심해 바다 농사를 짓기 어렵다. 그만큼 청산도는 홀로 떠 있는 외로운 섬이다.

　청산도를 일주하는 순환버스를 탔다. 출렁이는 바다를 따라 달리던 버스가 꼬불꼬불 굽이진 길로 들어섰다. '슬로길'이란 표지판을 보고 버스에서 내려 한참을 걸었다. 따사로운 햇볕을 받으며 빤작거리고 있는 거대한 녹색 물결이 눈에 들어왔다. 산과 바다의 영역을 구분 짓고 있는 봄동밭이었다. 하나같이 납작 엎드려 있는 모습이 땅바닥에 풀빛 유화물감을 칠해 놓은 것처럼 보인다. 밭두렁에 앉아 봄동밭의 풍경을 한참 바라보았다. 봄동은 매서운 추위와 척박한 토지가 만들어낸 소생所生일지도 모른다는 생각이 들면서 마음이 편안해졌다.

　봄동은 [봄 – 동]이 아니라 [봄 – 똥]으로 발음해야 한다고 국어사전에 나와 있다. 발음으로 미루어 '봄동'은 '봄똥'에서 유래되었다고 짐작할 수 있다. 봄 들녘에 납작 붙어 소똥처럼 자라는 푸성귀를 사람들은 '봄똥'이라 불렀다. 그렇지만 먹는 음식에 '똥'이라고 적기가 꺼림칙했을 것이다. 그래서 발음은 [봄-똥]으로 하면서 쓸 때는 '봄동'으로 적었다고 한다. 유래가 서민적이기도 하면서 발음에서는 시골 냄새가 난다.

　건너편 밭에서 누군가를 부르는 소리가 들렸다. 목을 빼고 돌아보니 나에게 손짓을 하는 것이었다. 혹시 내가 뭘 잘못한 게 있는지를 걱정하며 내려갔다. 아주머니 네 분과 아저씨 두 분이 봄동을 뽑다가 점심을 먹던 중이었다. 나를 부르던 아저씨가 나에게 공간을 내어주면서 같이 식사를 하자고 권했다. 나는 감사의 인사를 하면서 부산에서 여행을 왔다고 간단하게 소개했다. 마침 배가 출출하던 차여서 방금 뜯어 무친 봄동 겉절이를 보는 순간 체면이나 염치는 달아나버렸다. 봄동과 굴무침, 거기다 봄동을 넣고 끓인 된장과 두부김치, 그리고 막걸리. '구상' 선생의 '앉은 자리가 꽃자리니라'는 시구가 생각났다.

막걸리를 한 잔 마신 아저씨는 굴무침을 봄동에 싸 먹으면서 말했다. 겉잎이 속잎을 싸면서 자라는 일반 배추를 결구結球배추라 하고, 봄동처럼 속잎을 싸지 않는 배추를 불결구배추라 한다. 일반 배추를 겨울에 심어 노지에 그냥 두면 봄동이 될 수도 있지만, 판매를 목적으로 하려면 불결구배추 품종을 따로 심는다. 우리나라의 봄동은 주로 남해안에서 재배된다. 겨울의 따뜻한 바닷물이 기온을 올려주고 밭으로 올라온 해무는 봄동의 단맛을 더해 준다. 그래서 해안가에서 재배되는 봄동이 달고 맛있다.

이야기를 들으며 맛있게 밥을 먹는 내 모습을 보던 한 아주머니가 "밥값은 하고 가야지요."라는 농담을 했고, 나는 웃으면서 그렇게 하겠다고 말했다. 다시 봄동을 뽑기 시작했다. 나에게 주어진 임무는 외바퀴 손수레에 봄동을 실어 박스 작업하는 곳까지 옮기는 일이었다. 손수레를 끄는 요령을 배웠지만 처음 몇 번은 쓰러트렸다. 재미는 잠시였고 시간이 갈수록 힘들었다. 세상에 공짜는 없고 쉬운 일도 없다.

일을 하면서 '왜 봄동은 하늘로 치솟지 않고 땅바닥으로만 기고 있을까?'라는 생각을 했다. 봄동이 '너도 그렇게 살지 않았냐.'고 답해주는 듯하다. 나는 눈치가 빠른 편이다. 가난에 쪼들리던 학창 시절부터 생긴 습관이 성격으로 형성되었다. 친구 하나라도 더 사귀기 위해, 맛있는 음식 하나 더 얻어먹기 위해 내가 할 수 있는 것은 그저 낮은 자세로 알아서 기는 수밖에 없었다. 친구들이 하자는 대로 다 했다. 내 주장을 펼치지 못한 것이 아니라 아예 말할 생각을 하지 않았다. 군을 제대하고 사회생활을 하면서 그런 성격은 많이 달라졌지만 눈치는 아직도 남아있다. 봄동도 어지러운 세상에 애써 살아남기 위해 낮은 포복으로 눈치를 보고 있는 것은 아닌지 모르겠다.

　봄동의 삶은 겨울철 별미를 사람들에게 제공하는 것이다. 생으로 먹든, 버무려 먹든, 된장찌개에 넣어 먹든 상관할 바 아니다. 그저 먹히는 것이다. 운명을 거슬리며 꽃대를 뽑아 올려 노란 꽃을 피우는 호강은 바라지 않는다. 그저 봄철이 올 때까지 한세상 살다 가기를 원한다. 나도 꽃대를 뽑아 올리려는 쓸데없는 욕심보다 나이에 걸맞은 행동을 하며 살아야겠다는 다짐을 해본다.

　완도로 향하는 마지막 여객선의 시간을 맞추기 위해 봄동을 가득 실은 트럭이 출발했다. 마치 내가 봄동 농사를 지어 도시로 내보내는 것처럼 흐뭇한 마음이 들었다. 경운기를 타고 아저씨 집으로 갔다. 1박을 하면서 아저씨의 신세타령과 청산도와 관련된 이야기를 많이 들었다. 다음 날, 아침까지 얻어먹고 다시 순환

버스를 탔다. 청산도의 풍경도 좋았지만 봄동처럼 나그네에게 마음을 내어주는 주민들의 푸르른 인심은 여행의 또 다른 감동으로 남아있다.

그 후로 식당에서 봄동이 나오면 혹시 청산도에서 온 것은 아닌지 앞뒤를 뚫어지게 살펴본다. 청산도 봄동을 구별하는 방법이 따로 있는 것도 아닌데….

짬뽕 예찬禮讚

중국집에 처음 간 것은 공장에 다니는 큰형의 첫 월급날이었다. 짜장면과 단무지를 꼭꼭 씹어 먹으며 메뉴판을 훑어보았다. 오십 가지가 넘는 음식 중에 초등학생인 내가 들어 본 것은 우동과 짜장면뿐이었다. 대부분 생소하고 비싼 음식이지만 무척 맛있을 거라는 짐작을 했다. 쪼가리 면과 고소한 춘장을 싹싹 핥아 먹으면서 나중에 돈을 많이 벌면 메뉴판에 있는 모든 종류를 한 번씩 먹어봐야겠고 생각했다.

50년이 지난 지금 한 달에 서너 번 정도 중국 음식을 먹는다. 집에서 전화 주문을 하여 가족들과 먹을 때도 있지만 가끔은 혼자 중국집에 가서 점심을 해결하기도 한다. 맛도 맛이지만 동네마다 중국집이 있어 쉽고 빠르게 한 끼를 해결할 수 있다는 게 매력이다. 각종 모임을 중국집에서 할 때면 가격이 비싼 탕수육과 양장피, 팔보채와 깐풍기, 마파두부 등의 맛을 보기도 하지만, 지금까지 내가 먹어본 중국 음식은 열댓 가지를 넘지 않는다.

중국과 일본, 우리나라의 문화가 고루 섞인 복합적인 음식도 있다. 국어사전에 '초마면炒碼麵'이라고 나와 있는 '짬뽕'이다. 일본 메이지 시대, 나가사키에서 중국집을 운영하던 한 화교가 가난한 중국 유학생과 노동자를 위해, 음식을 하고 남은 여러 가지 재료에 면을 넣고 끓여 새로운 요리를 만들었다. 양도 많고 영양도 풍부하다는 이유로 일본인에게도 인기가 좋았다. 일본에서 '짬뽕'이란 용어는 서로 성질이 다른 물건이나 재료 등이 뒤섞인다는 뜻으로 사용되고 있었으므로 이 음식에도 같은 이름을 붙였다는 설이 있다.

일제 강점기 때 나가사키에 살던 화교들이 우리나라에 진출하면서 짬뽕이 알려지기 시작했다. 한국 사람들의 입맛에 맞게 해산물과 고춧가루를 듬뿍 넣어 자극적인 음식으로 개발한 것이 요즘 우리가 즐겨 먹는 짬뽕이다. 나가사키식은 국물이 희고 순한 맛을 내는데, 우리 것은 국물이 붉으면서 얼큰한 맛을 낸다. 짬뽕은 혼란스럽고 힘들었던 시대에 서로 힘을 합쳐 살아가자는 뜻으로 만들어졌는지도 모르겠다.

짬뽕을 만드는 과정은 생각보다 복잡하다. 돼지고기와 각종 해물을 기름에 볶은 다음 닭이나 돼지뼈로 만든 육수와 십여 가지 채소를 넣고 끓인 후, 별도로 삶아 놓은 면을 넣어야 완성된다. 같은 짬뽕이라도 얼마나 진한 육수를 사용했는지, 신선하고 다양한 해물과 채소를 얼마나 넣었는지, 면발에 국물맛이 얼마나 스며들었는지에 따라 맛의 차이는 크게 난다.

내가 즐겨 먹는 중국 요리는 사천짜장과 볶음밥, 짬뽕이다. 그중 짬뽕은 열에 일곱 번 정도의 비율을 차지할 정도로 단연 으뜸이다. 애주가들은 술을 많이 마신 다음 날, 대부분 속을 달랠 수 있는 국물을 먹고 싶어 한다. 집에서 해장국을 얻어먹을 수 있으면 다행이지만 그렇지 못한 직장인들은 점심때를 기다렸다가 숙취를 해소할 수 있는 식당을 찾아간다. 뜨뜻한 국물로 속을 진정시킬 수 있는 돼지국밥이나 콩나물국밥, 복국을 파는 음식점에 가는 사람도 있지만 몇몇은 중국집의 짬뽕을 먹으러 간다. 나는 맵고 칼칼한 국물을 마시면 시린 속이 풀리면서 컨디션이 정상으로 돌아오는 것 같아 누구보다 짬뽕을 좋아한다.

우리 집 냉장고에는 치킨집과 족발집, 중국집에서 나누어주는 자석스티커가 여러 장 붙어 있다. 중국집마다 짬뽕을 시켜 먹어 본 후, 스티커에 반드시 음식에 대한 평가를 간단하게 적어놓는다.

'면발○, 면발X, 국물맛○, 국물맛X'

'면발○, 국물맛○'라고 표시되는 스티커도 있지만 '면발X, 국물맛X'라고 적히는 것도 있다. 그렇게 표시하지 않으면 맛이 없는 집에 다시 전화를 걸어 주문할 수도 있다. 돈도 돈이지만 이왕이면 맛있는 짬뽕을 먹기 위해서다.

몇 년 전, 내가 사는 아파트 상가에 새로운 중국집이 들어섰다.

오전에 시내 볼일을 마치고 집으로 들어가다가 중국집에 들러 짬뽕을 시켜 먹었다. 30년 넘게 짬뽕을 먹어보았지만, 그 집만큼 국물이 얼큰하면서 시원한 맛을 내는 집은 없었다. 쫄깃한 면발과 입안을 황홀경으로 젖게 하는 그 맛은 환상 그 자체였다. 특별한 비법은 알 수 없지만 싱싱한 해물과 채소를 듬뿍 넣은 것이 눈에 띄었다. 2년 동안, 한 달에 두 번 이상, 배달하지 않는 그 집에 직접 가서 짬뽕을 먹었다.

　얼마 전 그 중국집에 갔을 때, 입구에 '내부 수리 중'이라는 알림 표지가 붙어 있었다. 새롭고 깨끗하게 단장된 내부 모습을 상상하면서 한 달 가까이 기다렸다. 어느 날, 가게 입구에 풍선아치와 스카이댄스가 장식되었고, 행사도우미가 노래를 부르며 행인들의 눈길을 사로잡았다. 나는 흐뭇한 미소를 지으며 가게 앞으로 갔다. '아! 아니~' 새롭게 오픈한 집은 중국집이 아니라 치킨집이었다. 자신이 좋아하는 맛집이 없어졌다는 것은 삶의 즐거움 하나를 잃어버린 기분과 같다. 허탈감이 들었지만 내가 더 자주 가거나 지인들에게 맛집으로 소문을 내지 못했다는 아쉬운 생각도 들었다. 이제 또 어디 가서 그렇게 맛있는 짬뽕을 먹을 수 있을까. 얼마나 많은 중국집을 찾아다녀야 할지 생각하니 한숨마저 나온다.

　종종 '짬뽕 같은 인생'이라고 말하는 사람도 있다. 자신의 업무나 사랑, 인간관계 등이 쉽게 풀리지 않고 혼란스러울 때 하는 말이다. 마음속의 기쁨과 희망은 사라지고 머릿속에 분노와 좌절로 가득 채워진다. 세상을 탓하고 기울어진 환경을 비난하면서 시간을 보낸다. 가능하면 혼란의 원인을 빨리 찾아 엉클어진 실타래를 풀 듯 하나하나 문제를 해결해 나가야만 한다.

  누구나 한 번쯤 어려운 시간을 겪는다. 나도 몇 년 전에 그런 경험을 했다. 교직 생활에 회의를 느끼면서 명퇴를 하고 나왔다. 막상 학교를 나오니 특별하게 나를 기다리는 곳도, 내가 해야 할 일도 없었다. 직장 동료나 친구들의 연락도 뜸해지기 시작했다. 점점 의욕과 웃음을 잃어버리게 되었고 혼란스럽게 섞인 내 인생의 비참함을 느꼈다. 마침내 집을 나와 객지 생활을 시작했다. 몇 달 동안 여행을 다니며 술만 마셨고, 죄 없는 세월만 나무라고 있었다.

  하지를 막 지난 무더운 여름날이었다. 통영의 어느 방파제에서 오후 내내 낚시 구경을 하면서 시간을 보내다가 중국집 구석 자리에 앉아 짬뽕을 안주 삼아 소주를 마셨다. 대책 없이 시간만 죽이고 있는 내 신세가 서글프고 한탄스러웠다. 자존심만 가득 차 있고 적극성과 자신감이 부족하다는 것을 알게 되었다. 무엇이든 해야만 한다는 사실을 깨달았다. 소주잔을 비우며 내일부터 무슨 일이든 해보자는 다짐을 했다. 다음날부터 현지에서 아르바이트 할 곳을 찾기 시작했고, 주유소에서 달포 정도 아르바이트를 했다. 그 후 집으로 돌아와 3년 넘게 열심히 즐겁게 적극적으로 다양한 일을 배우면서 직장생활을 계속할 수 있었다.

  혼란의 원인은 대부분 타인보다는 본인 스스로가 초래하는 경우가 많다. 그 혼란은 누군가가 아닌 자신만이 해결할 수 있다. 짬뽕 국물을 시원하게 마시고 속을 달래는 것처럼 자신이 삼키고 인내하면서 난관을 뚫고 나가야만 한다.

간짜장과 삼선짜장, 사천짜장이 짜장면에서 가지를 치고 나온 것처럼 짬뽕밥과 짬뽕탕은 짬뽕에서 파생된 음식이다. 짬뽕탕의 가격이 제일 비싸고, 그다음은 짬뽕밥, 짬뽕 순이다. 기존 음식에 맛있고 영양가 있는 새로운 재료가 추가되면 가격이 상승하는 게 일반적이다. 우리 개인도 잠재된 재능을 찾아내어 조금 더 개발하고 노력한다면 자신의 가치는 한층 더 올라갈 것이다. 현재에만 만족하는 삶은 서서히 물속으로 가라앉는 구멍 뚫린 돛단배와 같다.

살아가면서 피해야 할 사람도 많지만 모든 사람을 다 피하면서 살 수는 없다. 가끔은 싫은 사람도 만나야 하고 가기 싫은 곳도 가야 한다. 나를 싫어하는 상대도 어쩔 수 없이 나를 만나러 나와 웃으면서 인사를 하고 즐거운 척 대화를 나누기도 한다. 어차피 세상은 짬뽕처럼 어울리고 섞이면서 살아가야 한다. 그러다 보면 진짜 짬뽕 맛을 느낄 때도 있을 것이다.

어제 과하게 마신 술 때문에 몸 상태가 정상이 아니다. 시계를 쳐다보며 중국집 문 여는 시간만 기다린다.

아! 화요일. 중국집이 쉬는 날이다.

냉장고를 지키며

　인생은 짧습니다. 행복과 불행, 쾌락과 고통 모두 한순간입니다. 인간들은 백세시대라고 떠들지만 허세일 뿐입니다. 기나긴 우주의 시간에서는 그냥 한 점에 불과합니다. 나는 그 점도 찍지 못한 채 세상을 떠나야만 합니다. 천도재까지 바라지 않지만 나의 껍데기만이라도 고향 땅에 뿌려 주면 좋겠습니다. 혹시 환생한다면 담벼락에 올라 '꼬끼오~'라고 목청껏 소리치며 새벽을 깨우고 싶습니다.

　3~4천 년 전. 우리 조상들은 인도, 말레이시아 같은 동남아에서 살았습니다. 넓은 초원을 힘차게 달리고 부채처럼 커다란 날개를 퍼덕거리며 나무 위를 날아다녔습니다. 행복한 시간의 연속이었습니다. 아무런 구속도 두려움도 없는 자유는 한순간에 무너집니다. 마침 먹거리를 찾고 있던 인간들에게 쉽게 포획되었고, 그때부터 잘 달리지도 날지도 못하게 되었습니다. 명색이

조류인데 시골의 철망 달린 함석집에 살면서 인간들에게 먹이를 구걸한다는 게 말이나 됩니까. 그렇다고 선조를 원망하지 않습니다. 좋든 싫든 바꿀 수 없는 나의 뿌리입니다.

나는 어머니 뱃속에서 엘리트 코스를 밟았습니다. 잘 자고, 잘 먹고, 잘 놀았습니다. 초지일관 노란 병아리가 되겠다는 일념으로 공부와 운동을 게을리하지 않았습니다. 공부한 것 중 '줄탁동시啐啄同時'라는 사자성어만 기억납니다. 원래 우리 가문이 머리가 좋지 않습니다. 그래도 단백질과 비타민, 필수 아미노산으로 가득 채워진 나의 동그란 몸뚱이는 영양덩어리 그 자체입니다. 모든 준비를 끝내고 기다렸으나 어머니는 끝내 나의 머리를 두드리지 않았습니다. 세상사 마음먹은 대로 되는 게 뭐 있겠습니까. 그저 게으르게 잠만 자고 있던 나 자신을 원망할 뿐입니다.

요즘 '웰빙'에 이어 '웰다잉'이 추세라고 합니다. 즐겁게 사는 것 못지않게 아름답게 죽음을 맞이하는 것도 중요하다는 말이겠지요. '아름다운 죽음', 나에게는 사치스러운 말입니다. 나는 생生으로, 아니면 뜨거운 물속이나 프라이팬 위에서 죽음을 맞이해야 합니다. 특별한 고통 없이 생으로 눈을 감는 것이 그나마 다행인데, 주로 목을 많이 사용하는 사람들이 나를 그렇게 먹습니다. 장어 꼬리가 남자의 정력에 좋다는 말처럼 아무 근거 없는 이야기입니다. 나에게는 그런 성분이나 능력이 없습니다.

나를 힘들게 하는 죽음은 물속에 넣고 끓이는 것입니다. 프라이팬 위에서의 고통이야 잠시지만 더운물 속에서는 10분 이상 뒹굴며 온몸을 바동거려야 합니다. '팽형烹刑'이라는 형벌이 고대 중국과 조선 시대에 잠시 있다가 사라졌다는데, 아무런 죄도 없는 내가 이런 끔찍한 벌을 받는다는 게 너무 가혹하다고 생각합니다. 시대가 바뀌어도 케케묵은 관습과 전통이 여전히 많이 남아있습니다.

나는 50g 정도의 몸무게에 잘 깨지는 피부를 갖고 있습니다. 사람들은 그렇게 연약한 나를 갖고 바위를 친다고 말합니다. 너무 허무맹랑한 말이지만 곰곰이 생각해보면 이해가 됩니다. 바위를 깨뜨리기 위해 나의 몸을 던지는 것은 아닙니다. 노랗고 하얀 나의 분신들을 터뜨려 흔적을 남기기 위함입니다. 그 흔적은 각자의 욕망과 울분, 삶에 대한 저항입니다. 거대한 장벽 앞에 선 시위 현장에서 내가 초개처럼 몸을 던지는 이유입니다. 신체가 허약하더라도 정신이 살아있으면 두려울 게 없습니다.

누구의 삶이든 슬픈 이야기만 있는 것은 아닙니다. 나름 보람과 긍지를 느낄 때도 있어야 합니다. 사람들이 좋아하는 국수와 떡국, 만둣국, 비빔밥 등의 요리를 만들 때, 나는 고명이나 지단이란 이름으로 그 음식의 최고 상석에 올라갑니다. 무시무시한 물과 불의 전투에서 승리한 개선장군처럼 모든 재료를 통제하고 지휘하는 기분입니다. 아무리 힘든 일이 있어도 그때를 생각하면 저절로 기분이 좋아집니다. 가끔 그런 착각을 하면서 살아가는 것도 그리 나쁘지는 않습니다.

나도 한때는 아이돌 못지않은 인기가 있었습니다. 소풍이나 기차여행을 가는 즐거운 시간에는 사람들이 나를 꼭 챙겼습니다. 점심 도시락 속에 나의 유무에 따라 학생의 품위가 달라졌고, 남학생들은 나를 서로 차지하기 위해 주먹질도 불사했습니다. 다방에서 커피나 쌍화차를 마실 때, 나의 노른자를 띄우고 참기름까지 몇 방울 떨어트려 즐기던 시절도 있었습니다. 무엇보다 기억에 남는 건 할머니의 따뜻한 손으로 시퍼렇게 멍든 손자의 눈가에 나를 문질러 주던 시간이었습니다. 어머니와 할머니를 모르는 나는 그 할머니의 사랑스러운 손길을 다시 한 번 느끼고 싶습니다.

한때 나는 병아리로 태어나지 못한 것을 많이 불평했습니다. 지금은 내 운명에 충실하면서 나름 즐겁게 살다 가려고 노력합니다. 병아리로 태어났더라도 삼계탕이나 치킨집에서 생을 마감해야 하고, '조류인플루엔자(AI)와 살충제' 같은 뜻하지 않은 사건으로 살처분을 당한 우리 종족들이 수천만에 이릅니다.

어떻게 태어났던, 어떻게 살던 편안한 삶은 없습니다. 나만 힘들게 산다고 생각하지 않았으면 좋겠습니다. 각자 가야 할 길이 따로 있고, 그 길 위에서 작은 행복을 찾으려고 노력하면 됩니다.

나는 사람들에게 풍부한 영양가와 맛있는 음식을 제공하기 위해 존재합니다. 몇몇 셰프들은 나를 가격 대비 최고의 식자재라고 말합니다. 아무리 비싸도 300원 안팎입니다. 앞으로 나를 이용한 다양하고 맛있는 요리가 누군가에 의해서 계속 개발될 것입니다.

나의 무한한 변신을 기대해 주십시오.

　오늘도 나는 캄캄한 냉장고를 지키며 당신의 손길을 기다립니다. 무슨 요리를 만들지 모르겠지만 알맞은 때깔과 색다른 맛을 제공하기 위해 최선을 다하겠습니다.

오징어

　빛을 좋아한 죄, 죽음이다. 추운 겨울을 제주도 남쪽에서 따뜻하게 보내며 산란의 기쁨을 느꼈다. 봄소식을 듣고 난류를 따라 동해안으로 올라왔다. 한류와 만나는 조경수역潮境水域, 울릉도 근처에는 맛있는 플랑크톤이 숱하게 있다. 밤늦게까지 만찬을 즐기던 중 천지개벽이 일어났다. 컴컴한 바다가 환한 빛으로 가득 채워졌다. 함께 있던 가족과 친구들은 빛을 향해 솟구쳤다. 그게 끝이었다.

　어판장으로 끌려온 오징어는 생선 궤짝에서 초조한 마음으로 기다린다. 숨을 크게 쉴 수도, 몸을 움직일 수도, 대화를 나눌 수도 없다. 가까운 횟집에 머무르든, 활어차에 실려 서울로 가든, 바다가 보이는 덕장에 걸리든 그들의 선택사항이 아니다. 줄을 잘못 서면 라면이나 젓갈을 만드는 공장으로 갈지도 모른다. 자신의 의지와 상관없이 도살장으로 끌려가는 돼지처럼 인간의 결단에 따라야 한다. 어딜 가든 편안하고 즐거운 삶은 없다.

오징어에게 최후의 선택권이 주어진다면 덕장을 선택했을 것이다. 불꽃놀이 구경을 나왔다가 불심검문에 걸린 범인처럼 일가친척에게 인사는 물론 주변 정리도 못 하고 왔다. 배가 갈라지고 내장이 제거되는 아픔과 몸통이 대꼬챙이에 끼워진 채 벌거벗은 모습을 보여주는 창피함도 감내한다. 비록 십여 일 남짓하지만 동해안의 자연 바람을 쐬며 어린 시절의 추억이라도 떠올리고 싶을 것이다. 세상을 떠나기 전 고향을 바라보며 하직 인사를 할 수 있다는 건 큰 행운이다.

누구든 마지막 눈을 감기 전 회상에 잠긴다. 하룻밤 사이, 순식간에 두 번이나 당했다. 꽃길인 줄 알고 갔더니 가시밭길이었고 성찬인 줄 알고 먹었더니 오랏줄이었다. 단순하고 우매한 생각 때문이다. 오징어가 빛을 좋아하지만 햇빛과 불빛을 구분하지 못한다는 게 첫 번째 문제였다. '살아있는 로켓'이라는 별명답게 빨아들인 물을 뿜어내는 추진력으로 전진과 후진만 한다. 회전을 모른다. 형광물질이 발린 채낚시가 먹이인 줄 알고 돌진하여 텁석 물었던 게 두 번째 실수다. 가끔 좌회전이나 우회전을 하면서 살아야 하는데…. 돌이킬 수 없는 일이다.

최근 오징어의 씨가 말라가고 있다는 안타까운 소식이 들린다. 집어등을 밝힌 채낚기 어선과 공조 작업을 하는 대형 트롤어선이 해저에 있는 오징어 새끼까지 싹쓸이하는 불법 어획이 공공연하게 이루어지고 있다. 일부 선주들의 욕심으로 명태처럼 오징어가 없어진다면 동해안의 미래와 어민들의 꿈은 사라지고, 방문객들은 발길을 돌릴 것이다. 어존 자원을 보존하기 위해 관련 단체들의 세심한 관리가 있어야 한다. 생태계의 파괴는 한순간이지만 복구는 엄청난 시간과 노력을 투자해야 한다.

오징어는 문어, 낙지와 함께 두족류頭足類에 속한다. 두족류는 머리에 다리가 붙어 있는 연체동물을 통칭한다. 오징어의 다리는 열 개가 아니라 네 쌍의 다리와 길게 뻗은 한 쌍의 더듬이 팔로 구성되어 있다. 먹이를 잡을 때나 교미할 때 상대를 힘껏 끌어안는 수단으로 두 팔을 사용한다. 청춘들이 연인을 만나 포옹하는 방법과 똑같은 행동을 한다. 오징어는 문어와 달리 사랑과 분위기를 안다.

오징어의 호적상 이름은 '오적어烏賊魚'라고 정약전 선생이 저술한 『자산어보』에 실려 있다. 그들의 선조들은 먹이를 찾아 바다로 날아오는 까마귀를 순식간에 휘감아 물속에서 먹어치웠다고 한다. 까마귀를 해치는 도적이란 뜻으로 붙여진 이름이다. 고대 전쟁 영웅의 신화에 나올 법한 이야기지만 그냥 재미로 적어 놓은 기록은 아닐 것이다.

문어文魚의 이름에는 글월 '문文'자가 붙어 있다. 실제 문어는 지능이 높고 먹물을 이용한 위기탈출 능력도 뛰어나다. 글깨나 읽은 지식인들의 상징인 먹물을 잘 활용한다는 의미에서 '文'자를 붙여 주었다. 문학적 생선이다.

오징어의 이름에는 문어처럼 좋은 의미는 없다. 다만 조선

후기의 여류학자, '빙허각憑虛閣 이씨'가 편찬한 가정백과사전, 『규합총서閨閣叢書』에는 '오징어의 먹물로 글씨를 쓰고 해가 바뀌면 빛이 없어져 빈 종이가 된다. 하므로 헛맹세를 서계오적묵誓戒烏賊墨이라 한다.'는 내용이 나온다. 비록 비밀문서나 거짓 서약서를 작성할 때 오징어 먹물을 사용했지만 그래도 문학적 의의는 있다.

오징어는 가격이 저렴해 서민들이 무척 좋아하는 생선이다. 지갑이 가벼운 아저씨들은 포장집에서 오징어무침을, 젊은 연인들은 오징어순대를 안주 삼아 소주를 마시며 허기진 배를 채운다. 오징어가 고급 식당이나 뷔페의 꽃이 그려진 접시에는 감히 올라가지 못하지만 학교와 군대 같은 단체 급식에는 빠지지 않는다. 비록 죽음이야 어설펐지만 서민들로부터 과분한 사랑을 받고 있다. 더는 신세타령을 하지 않는다. 뒤돌아보지 않고 오직 앞만 보고 달려온 결과인지도 모르겠다.

오징어는 변화를 두려워하지 않는다. 한때 사람들은 바다가 보이는 동해남부선을 타고 가면서, 야구장에서 고함을 지르면서, 연인과 손을 잡고 영화를 보면서 오징어를 즐겨 먹었다. 그 자리를 팝콘이나 햄버거, 치킨 같은 식품에 내주었다는 아쉬움은 있다. 하지만 오징어는 구이와 꼬치, 짬뽕과 같은 새로운 먹거리의 재료로 변신하는 데 성공했다. 시대의 흐름에 발을 맞추기 위해 지속적인 노력을 한다. 아무리 똑똑하고 잘생긴 사람도 변화와 개혁을 두려워하면 오래 살아남을 수 없다.

오징어는 오늘 저녁에도 먹거리 전선으로 나가야 한다. 아이들의 간식으로, 가정의 반찬으로, 술집의 안주로 종횡무진 뛰어다닌다. 자신의 육체를 초개처럼 던져 미식가들의 건강하고 즐거운 삶에 헌신한다. 그렇다고 무슨 욕심이나 수산업 관련 단체로부터 표창장을 받고 싶은 마음은 없다. 오징어 축제가 해마다 열리는 울릉도 도동항 포구에 작은 위령탑 하나 세워 달라고 요구하지도 않는다. 그저 오징어를 먹으면서 '맛있다!'는 한마디를 듣고 싶을 뿐이다.

저승길에 오르는 오징어 혼령들이 잘살고 간다며 두 팔을 흔들고 있다.

뽕잎

'임도 보고 뽕도 따고' 여성의 외출이 어려웠던 시절에 만들어진 속담이다. 혼기가 찬 낭자들의 바깥출입은 뽕잎을 따러 갈 때만 가능했다. 누에의 먹이를 장만하면서 사모하는 임을 만나 그동안 미루어왔던 정을 나누었다. 귀하게 키운 딸의 외출을 허용할 정도로 '누에치기(양잠養蠶)'는 조선 시대의 중요한 국책사업이었고, 누에치기 전문기관인 '잠실蠶室'을 설치하였다는 역사적 기록도 남아 있다.

사람들은 "여자들이 뽕잎을 따러 간다."라는 말을 들으면 음란한 생각부터 먼저 한다. 그것은 '나도향'의 단편 소설 『뽕』이 시리즈 영화로 제작되었고 주연을 맡은 배우, '이미숙과 이대근'이 각종 영화제에서 수상할 정도의 강렬한 연기가 사람들의 머릿속에 오랫동안 각인되어 있기 때문이다. 그와 유사한 영화도 많이 상영되었다. 하지만 영화는 영화일 뿐 사실과는 전혀 다르다. 먹고 살기 위해 뽕잎을 따러 가는 사람들의 고생은 이만저만이 아니다.

사월 중순이 오면 오전 일찍 이기대 바닷가로 향한다. 몸에 좋은 뽕잎을 따기 위해서다. 해변의 나지막한 언덕에 야생 뽕나무가 지천으로 자라고 있다. 아침이슬을 머금은 어린 뽕잎 순이 햇살에 반짝거린다. 조심스럽게 연한 잎만 따서 비닐봉지에 담는다. 욕심을 내서 참빗으로 훑듯 뽕잎을 따면 가지가 말라 죽는다. 건강과 식용을 위해 뽕잎을 채취하는 행위가 올바른 것은 아니지만 최소한 나무에 대한 기본적인 예의는 지켜야 한다. 아울러 감사한 마음도 가져야 한다.

아버지가 환갑을 넘기고 일찍 돌아가셨다. 술과 담배, 유흥을 즐겨서 그런지 몰라도 쉰 중반을 넘기면서 거동이 불편했다. 우리 형제들은 아버지가 평소에 술을 많이 마셔서 그럴 거라고만 생각했다. 그렇지만 아버지의 머리맡에는 항상 뽕잎 환과 몇 가지 약들이 놓여 있었다. 어머니가 한약방에 수시로 둘러 구매한 약이었다. 아버지가 당뇨와 고혈압으로 고생하다가 돌아가셨다는 말을 한참 후에 어머니에게서 들었다. 뽕잎이 당뇨와 고혈압을 예방하고 치료하는 데 효과가 있다는 것도 알게 되었다.

『동의보감』에 '뽕나무는 뿌리, 잎, 껍질, 열매 어느 하나도 약으로 쓰이지 않는 것이 없다.'고 기록되어 있다. 얼마 전 농촌진흥청에서는 뽕잎 속 '루틴(Rutin)'이라는 성분이 혈당과 혈압을 떨어뜨려 콜레스테롤을 낮추고, 중풍을 예방하고 치료하는 데 탁월한 효과가 있다고 발표했다. 특히 봄 뽕나무의 어린잎에 루틴

성분이 많이 함유되어 있다고 한다. 게다가 뽕잎은 일반 채소처럼 단백질도 많이 함유하고 있다.

　나도 아버지만큼 술과 담배, 유흥을 즐긴다. 몇 년 전, 건강검진을 받았을 때 혈압이 보통 이상으로 높게 나왔다. 유전적인 요인도 있겠지만 식생활 습관이 더 큰 원인이다. 남들이 다 하는 달리기나 등산을 몇 달 동안 계속했다. 그것도 나이 들고 게을러지면서 그리 쉬운 일이 아니었다. 의사의 처방에 따른 약을 먹으면서 좋은 음식을 섭취하기로 마음먹었다. 아버지처럼 뽕잎 환을 먹지는 않더라도 봄에 딴 어린잎은 나물로 무쳐 먹기도 하고 말린 잎은 가루를 내어 다른 음식과 섞어 먹기도 한다.

　뽕잎을 그냥 무치면 질기면서 풀 냄새까지 난다. 어린 뽕잎을 깨끗하게 씻어서 소금을 넣고 끓인 물에 살짝 데쳐낸다. 찬물에 몇 번 행군 후 가볍게 짜면서 물기를 털어낸다. 시금치를 무쳐 먹는 방법과 똑같다. 취향에 따라 된장이나 고추장, 간장으로 버무려 먹으면 된다. 뼈세거나 질기지 않고 부드럽게 잘 씹힌다. 물론 참기름이나 깨소금과 같은 양념을 적당하게 넣어야 한다. 나물무침의 맛은 양념으로 결정되지만, 나물 고유의 향이나 신선한 느낌을 사라지게 해서는 안 된다. 시나 수필을 읽으면서 작가의 독특한 맛을 느낄 수 있는 것처럼.

　뽕잎은 사람보다 누에가 훨씬 더 좋아한다. 사람은 뽕잎을 건강이나 별미로 먹지만 누에는 자신의 삶을 위해서 먹는다. 누에가 뽕잎을 열심히 먹고 번데기가 되기 위해 고치를 짓는 것은 보호

본능과 종족 번식을 위함이지 인간들이 좋아하는 비단을 제공하기 위해서는 아니다. 한 개의 고치에서 1,000m 이상의 명주실이 나온다. 명주실을 켜기 위해 끓는 물에 누에고치를 집어넣는다. 고치 속 번데기는 나방이 되어 알을 낳겠다는 꿈을 포기하고 생을 마감해야만 한다.

누에의 시련과 고통은 비단으로 승화하면서 실크로드를 탄생시켰다. 중국의 비단과 서남아시아와 지중해 연안 국가의 새로운 문화가 교류하면서 무역 육로라는 비단길이 만들어진 것이다. 그로 인해 불교와 간다라 미술이 중국과 동남아 국가에 전파되었다. 뽕잎을 먹고 자란 누에가 동양의 새로운 문화와 예술을 발전시키는 데 크게 이바지했다고 말할 수 있다.

한때 양잠업은 부의 상징이면서 우리나라의 경제성장에도 큰 역할을 했지만 기계화라는 근대화의 물결에 밀려나면서 사람들의 관심에서 멀어졌다. 최근에 차茶를 비롯한 뽕잎 관련 음식들이 웰빙식품이라는 이름으로 다시 주목을 받고 있다. 상황버섯, 동충하초, 누에그라 등의 관련 제품들도 그렇다. 이제 비단을 만들기 위한 뽕잎에서 '먹고, 바르고, 치료하는 뽕잎'으로 변신을 하고 있다.

뽕잎이 무성해지는 5월 하순이 지나면 까치와 참새들이 뽕나무를 자주 방문한다. 새콤달콤한 오디를 먹기 위해서다. 60~70년대, 입술이 시퍼렇게 변할 때까지 오디를 따 먹으며 배를 채우던 시절도 있었다. 단풍철이 지나고 겨울이 오면 뽕잎은 모두 다 떨어진다. 다음 해 봄이 오면 새 뽕잎이 나온다. 자연은 순환되지만 우리네 짧은 인생은 앞만 보고 가야 한다. 한 번 가면 돌이킬 수 없는 삶을 뽕잎처럼 베풀고 나누면서 살 수 있으면 좋겠다.

누에를 치던 서울의 '잠실' 지역이 금싸라기 땅으로 변했다. '상전벽해桑田碧海'라는 말을 실감할 수 있다. 먼 옛날 비단길을 열었던 뽕잎이 앞으로 어떤 새로운 길을 열 수 있을지 기대해 본다.

달콤쌉쌀한 맛

 예비고사를 치르고 다방에 처음 갔다. 벌건 대낮에 친구들을 만나 잡다한 이야기를 나눌 장소가 거기밖에 없었다. 노인들만 가는 것으로 생각했던 다방에 들어서자 얼떨떨한 기분이 들었다. 은은한 조명이 발산하는 이상야릇한 분위기, 아지랑이처럼 피어오르는 자욱한 담배 연기, 서울말을 쓰는 DJ의 목소리, 미소를 머금은 채 짧은 치마를 입고 서빙을 하는 예쁜 레지. 지금까지 몰랐던 새로운 세상이었다.

 말로만 들었던 커피의 첫맛에 눈살이 찌푸려졌다. '촌놈' 소리를 듣지 않기 위해 설탕을 듬뿍 넣어 후루룩후루룩 불어 가며 마셨다. 두세 달이 지난 후에는 누군가를 기다리며 커피를 두세 잔 마실 정도가 되었다. 점점 다방 분위기와 커피 맛에 중독되어 갔다. 청춘이 무엇인가를 고민할 때, 설레는 마음으로 미팅을 할 때, 첫사랑이 파투났을 때, 팝송 〈Ebony Eyes〉와 〈Vincent〉를 들을 때 커피를 마셨다. 군에 가기 전 2년 동안 다방은 나의 안식처였고, 커피는 내 마음의 청량제였다.

"지옥처럼 검고, 죽음처럼 강하며, 사랑처럼 달콤하다." 커피에 대한 터키의 속담이다. 이런 이상한 성질을 가진 커피의 고향은 아프리카의 '에티오피아'라는 나라다. 6~7세기경, 초원에 살던 양치기 소년은 양들이 붉은 열매만 먹으면 흥분하여 뛰어다니는 것을 발견했다. 호기심에 그 열매를 먹어 보니 신기하게 기운이 나면서 상쾌해졌다. 소년은 열매를 이슬람 사원으로 가져갔다. 사원에서 이 열매를 끓여 마시거나 약으로 사용한 것이 커피의 시작이라고 한다. 이후 커피는 아라비아와 유럽으로 전파되면서 전 세계로 퍼져나가게 되었다.

우리나라는 고종 황제가 커피 맛에 처음 눈을 뜬 이래, 커피에 대한 세간의 관심은 유별날 정도로 대단하다. 심지어 '대한민국은 커피공화국'이라고 말하는 사람도 있다. 동네 구석구석에 보이는 커피전문점, 편의점을 점령하고 있는 커피 음료, 커피를 들고 바쁘게 이동하는 사람들을 여기저기서 볼 수 있으니 틀린 말은 아닌 것 같다. 업계 조사에 따르면 우리나라의 성인은 평균 하루 두 잔 정도의 커피를 마신다고 한다. 이제 커피는 대한민국의 대표 기호식품이자 하나의 생활문화로 발전하고 있다.

다른 음료보다 커피가 우리 입맛을 빠르게 사로잡은 이유는 많은 외국인도 독특한 맛을 인정하는 일회용 커피, '믹스커피'의 개발과 무관하지 않다. 사무실이나 가정, 식당에서 누구나 편리하게 먹을 수 있도록 커피가 준비되어 있다. 뜨거운 물만 부으면 즉시 마실 수 있어 자연스럽게 커피와 친숙하게 되었다. 특허청에서 페이스북 이용자들을 대상으로 한국을 빛낸 발명품 10선을 조사했다. 훈민정음, 거북선, 금속활자, 온돌에 이어 '믹스커피'가 5위에 뽑힐 정도니 얼마나 대단한 음료인가.

나는 일회용 커피를 좋아한다. 군을 제대하고 지금까지 다방에 출입한 횟수는 다섯 손가락으로 꼽을 수 있지만 믹스커피를 마신 양은 이루 헤아릴 수 없다. 밖에서는 자판기가, 실내에서는 봉지 커피가 마련되어 있으니 굳이 다방에 갈 필요가 없었다. 우리 집 수납장에는 180개들이 믹스커피 한 박스가 여분으로 항상 준비되어 있다. 쌀이 없으면 라면이나 국수를 끓여 먹으면 되지만 믹스커피를 대체할 음료는 없다. 그래서 외국 여행을 갈 때도 김치보다 먼저 챙겨야 하는 중요한 필수품 중 하나다.

나에게 믹스커피는 감사의 표시였다. 직장에서 일과를 시작하기 전 '오늘도 즐겁게'라는 다짐을 하면서, 식사를 마친 후 '맛있게 잘 먹었다'는 감사하는 마음으로 커피를 마셨다. 업무를 같이하는 동료들끼리 서로 고마운 마음을 전달할 때도 믹스커피 한 잔을 돌렸다. 손님이 찾아오면 반갑다는 의미로 부담 없이 가볍게 마셨다. 장소에 구애받지 않고 누군가와 함께 마시며 소탈하게, 때로는 진지하게 대화를 나눌 수 있는 촉매제 역할을 해주었다.

더운 여름날이었다. 혼자 처가에 가기 위해 시골길을 달리고 있었다. 처가의 아랫동네에 사는 할머니가 무거운 짐을 들고 걸어가는 모습을 보고 집 앞까지 태워드린 후, 짐을 마루까지 옮겨주었다. 돌아서 나오려고 하자 할머니는 기어코 나를 마루에 앉히면서 음료수라도 한 잔 마시고 가라고 권했다. 잠시 후 얼음이 둥둥 떠 있는 큰 사발을 들고 오셨다. 믹스커피 세 봉지를 넣은 것 같았다. 나는 숟가락으로 휘휘 저은 후 숭늉처럼 벌컥벌컥 들이켰다.

바람이 쌩쌩 부는 추운 겨울, 버스를 기다리는 할아버지에게 정류소 옆 미용실 아주머니가 따뜻한 커피가 담긴 종이컵을 들고 나와 대접하는 장면을 얼마 전에 목격했다. 근처에 있던 나는 커피를 얻어먹지 못했지만 버스를 기다리는 시간이 그렇게 지루하지는 않았다. 더울 때는 시원한 정을, 추울 때는 따뜻한 정을 나눌 수 있는 적절한 음료가 일회용 커피다.

젊은 층이나 일부 여성들은 에스프레소와 아메리카노, 카푸치노와 카페라떼 등의 커피를 좋아한다. 내 입맛과는 맞지 않는다. 짜장면 한 그릇 값과 비슷한 가격도 가격이지만 약간 쓴맛과 함께 느끼한 기분까지 든다. 얼마 전 여성 문인들과 함께 커피전문점에 가서 아메리카노를 한 잔 마셨다. 속이 불편해지면서 입에서는 뭔가 익숙한 맛을 요구하고 있었다. 머릿속에서는 믹스커피가 자꾸 생각나 도저히 앉아 있을 수가 없었다. 얼른 밖으로 나와 자판기 커피를 한 잔 뽑아 마신 적도 있다.

커피는 맛과 향이 중요하다. 나는 믹스커피의 달곰쌉쌀한 맛과 구수한 향을 좋아한다. 쌉쌀한 맛과 달콤한 맛이 어울려야 우리가 살아가는 인생이고, 그 인생의 맛을 담아낼 수 있는 커피가 진정한 커피다. 우리의 삶에서 달콤한 맛이나 쌉쌀한 맛만 있다면 사는 의미도 재미도 없을 것이다. 커피 맛 또한 그렇다. 다만 쌉쌀한 맛보다 달콤한 맛이 조금 더 난다며 커피는 더 맛있을 것이고, 우리의 생활도 조금은 여유가 있다고 말할 수 있지 않겠는가.

 힘들고 지루한 시간이 이어지면 믹스커피를 한 잔 들고 베란다로 나간다. 금련산에서 불어오는 상쾌한 바람을 맞으며 언젠가 나에게도 좋은 날이 올 거라는 생각을 해본다.

콩나물을 다듬는 시간

 부엌일은 힘든 노동이다. 라면만 끓일 줄 알았던 남자가 주방을 맡았다. 시장과 마트를 들락거린 지 5년이란 시간이 흘렀다. 한 가정의 먹거리를 책임지면서 어렵고 짜증 날 때도 있었지만 찬거리 구매에서 요리까지 어느 정도 요령이 붙었다. 이제 된장찌개만 끓여도 이틀은 먹을 수 있을 정도로 식구가 반으로 줄었다. 정성껏 찬을 만들어 가족과 함께 맛있게 먹으면서 대화하던 즐거움도 함께 사라졌다.
 요리를 준비하는 과정에서 힘든 일 중 하나는 단순 작업을 반복할 때다. 많은 양의 마늘을 까거나 나물을 다듬는 일은 특별한 재주나 비법이 필요 없다. 서두른다고 빨리 되는 것도 아니다. 같은 행동을 반복하는 일개미처럼 지루하고 따분한 시간을 견뎌야 한다. 어머니와 아내의 인내가 참 대단하다는 것을 느낀다. 남자들이 아무 불평 없이 그런 과정을 이겨내고 즐길 수 있어야만 비로소 주방을 맡을 수 있다.

　콩나물은 사시사철 먹을 수 있는 음식이다. 시장에 가면 종종 난전에서 여러 가지 나물을 파는 할머니에게서 콩나물을 사 온다. 할머니는 웃으면서 한 줌을 더 넣어준다. 까만 비닐봉지를 들고 다니는 나이 든 남자가 애처롭게 보이거나 자신의 자식처럼 느껴졌기 때문일 것이다. 나는 할머니의 몸놀림에서 과일 장사를 하시던 어머니를 떠올린다. 가끔 어머니가 생각나면 콩나물 할머니를 보고 올 때도 있다. 콩나물을 통해 말없이 서로의 마음을 주고받으면 집으로 오는 내내 기분이 좋다.

　콩나물은 '대가리'라고 부르는 떡잎, 떡잎을 밀어 올리는 줄기, 줄기 아래에 갑자기 얇아지는 뿌리(꼬리)로 구성되어 있다. 콩나물을 다듬는다는 것은 콩 껍질과 까맣게 상한 콩나물을 골라내는 일이다. 찜을 만들 때는 식감이 다르다는 이유로 대가리를, 제사상에 올릴 때는 미관상 좋지 않다는 이유로 꼬리를 제거한다. 콩나물의 영양분은 대가리에, 숙취 해소에 좋다는 '아스파라긴산'은 뿌리에 많이 함유되어 있다. 음식을 먹는 느낌이나 시각적 효과도 중요하지만, 대가리나 꼬리를 자르지 않고 요리를 해 먹어도 맛의 차이는 크게 나지 않는다.

　거실에서 콩나물을 큰 대야에 펼쳐 놓고 하나하나 다듬는다. TV를 보면서 일을 해도 아무런 문제가 없다. 잡다한 영상에 빠져들지 않기 위해 리모컨을 누르지 않는다. 아무도 없는 암자에서 목탁만 두드리며 수행하는 스님처럼 나만이 가질 수 있는 사유의 시간이다. 추억을 생각하면서 피식 웃기도 하지만 후회와 반성을 하기도 한다. 어린 시절과 친구의 얼굴도 떠오른다.

초등학교 시절, 추운 겨울이었다. 아침 일찍 어머니는 양은 냄비와 5원짜리 동전을 주면서 콩나물을 사 오라고 하셨다. 콩나물을 사서 쏜살처럼 달려오다가 돌에 걸려 넘어졌다. 얼굴은 바닥에 약간 쓸렸고 콩나물은 사방으로 흩어졌다. 눈물이 쏟아지려는 순간 아침밥을 기다리고 있을 가족들의 얼굴이 떠올랐다. 주섬주섬 콩나물을 주워 담아 집으로 왔다. 아파하는 나의 표정에 어머니는 아무 말씀도 없었다. 찬물에 콩나물을 헹구고 다듬어서 국을 끓이셨다. 조용히 아침을 먹고 학교로 향했다. 내가 넘어진 자리에서 콩나물 몇 개가 바람에 나뒹굴고 있었다.

하루 세끼를 콩나물로 때웠던 대학 친구가 있었다. 학교 근처 허름한 자취방이 그의 거주지였다. 시험 기간 중 불쑥 집을 찾아갔다. 때마침 친구는 점심을 먹고 있었다. 반찬은 김치와 장아찌, 콩나물국이 전부였다. 아침에 콩나물국을 끓일 때 국물을 넉넉하게 만들어 아침과 점심은 국물만 먹고 저녁에는 남은 건더기로 콩나물무침을 만들어 먹는다고 했다. 숟가락을 권했지만 차마 먹지 못했다. 시골에서 올라오는 생활비에 맞추어 사는 친구의 소중한 하루 치 끼니를 축낼 수는 없었다.

몇 년 전, 동네 사람이 운영하는 콩나물 공장에 몇 번 들른 적이 있다. 시루에 볏짚이나 거즈로 시루 밑을 깔고 그 위에 물에 불린 콩을 담아 고온다습하게 하여 발아시킨다. 마르지 않도록 물을 자주 주고 5~7㎝가량 자라면 먹기 시작한다. 콩나물은 시금치와 미나리처럼 밝은 곳이 아닌 빛이 없는 캄캄한 곳에서 자라야만 한다. 세상 밖으로 나오면 서민들의 사랑을 받는 나물이지만 성장 과정만 보면 콩나물은 어둠의 소생所生일지도 모른다는 생각을 했다.

우리 주변에는 콩나물처럼 어둠 속에서 자라는 청소년들이 제법 있다. 부모가 없거나, 있어도 버려진 아이들, 기성세대가 만들어 놓은 제도권에 적응하지 못하는 아이들, 그들은 빛이 없는 음지에서 성장하고 있다. 판단력과 자제력이 부족한 아이들이 칠흑 같은 웅덩이 속으로 빠져들고 있다. 어쩌면 사회와 주변 환경이 그들을 낭떠러지로 떠밀고 있는지도 모르겠다. 그들이 콩나물처럼 밀폐된 어둠에서 나와 사랑을 받을 수 있도록 세심한 배려와 관심을 가져야 한다.

가끔 된장찌개와 김치찌개, 어묵탕, 라면을 끓일 때 콩나물을 조금씩 넣고 요리를 할 때도 있다. 콩나물의 특이한 향과 싱싱함이 음식 전체의 맛을 한결 돋우어 색다른 느낌으로 먹을 수 있었다. 주로 국이나 무침을 만들어 먹는 콩나물은 다른 음식과도 잘 어울린다는 것을 알았다. 사람도 때와 장소를 가리지 않고 잘 어울릴 때 친구들로부터 대접을 받는다. 누군가가 자신을 챙겨 주길 바라기 전에 스스로 다가가려는 노력을 먼저 해야 한다.

콩나물 다듬기가 완성되었다. 한 손으로 허리를 두드리며 주방으로 향한다. 깨끗한 물로 두세 번 헹구면서 국을 끓일지

무침을 만들지 생각한다. 가스레인지 한쪽에 어제저녁에 끓여 놓은 된장찌개가 눈길을 사로잡는다. 아직 찌개가 버티고 있으니 국을 끓일 필요는 없다. 데친 콩나물에 고춧가루와 참기름을 듬뿍 넣어 무침을 만들어야겠다. 양파와 고추도 조금 썰어 넣어 때깔을 맞추면 눈이 더 좋아할 것 같다.

음악을 하는 사람들은 오선지 위에 콩나물 대가리를 그려 넣는다. 나는 매콤하고 맛있는 콩나물무침 위에 오선지를 긋고 싶다. 입안에서 아삭아삭 씹히는 상큼함은 콧노래가 절로 나오도록 만들어 준다.

음식을 만들어 가족과 함께 먹는 즐거움은 힘든 노동의 대가와 비교할 바가 아니다.

남자도 접시를 깨자

　입대한 지 3개월이 지났다. 최전방 지역에는 매서운 추위가 이어지고 있다. 양고기가 부식으로 자주 나온다. 노린내가 나면서 기름이 둥둥 떠 있는 찌개를 먹지 않을 수 없다. 먹는 거야 그렇다 치더라도 플라스틱 식판에 붙어 있는 기름을 제거하는 것은 예삿일이 아니다. 개울가의 얼음을 깨고 수세미에 모래를 섞어 빡빡 문질러야만 가능하다. 열대여섯 개의 식판을 씻는 내내 손등이 찢어질 듯한 고통을 느낀다. 설거지는 정말 짜증이 나는 일이다.
　퇴직하기 전, 1년에 서너 번 정도 설거지를 했다. 리모컨만 잡고 소파에 누워 있기가 미안해서 뭔가를 거들어 주어야만 했다. 그럴 때마다 칭찬은커녕 잔소리만 실컷 들었다. 씻은 그릇과 냄비에서 이전에 무엇을 담았는지, 무엇을 끓였는지 표시가 난다는 이유였다. 화장실이나 거실 청소를 열심히 하고 난 뒤에도 아내의 반응은 시원찮았다. 일머리를 모르는 사람은 건성으로 대충하기 때문이다. 차라리 가사를 도와주지 않는 나쁜 남편으로 낙인찍히는 게 훨씬 마음이 편했다.

이제는 그렇지 않다. 경력 5년 차인 주방장으로서 모든 설거지를 내가 처리해야만 한다. 가끔 자식들이 도와주는 경우도 있지만 내 마음이 언짢을 때도 있다. 그래도 과거에 겪었던 나의 경험을 생각하면서 절대 토를 달지 않는다. 나를 위하는 생각과 행동만으로도 만족감을 느낄 수 있고, 설거지가 서로의 감정을 상하게 할 만큼 대단한 일도 아니다. 그냥 수고했다고 말하면 서로가 좋다.

설거지는 음식을 먹고 난 뒤 조리기구와 그릇, 도마와 칼 등을 씻어 정리하는 일을 말한다. 사람에게 중요한 일과 중 하나는 맛있는 음식을 즐겁게 먹는 것이지만, 뒷정리와 마무리도 그에 못지않다. 먹는 거야 동물도 할 수 있지만 치우는 것은 인간만이 할 수 있다. 식사 후, 주방과 식탁의 상태는 식사 전의 모습과 크게 차이가 나면 안 된다. 마치 군인들이 야영 훈련을 마치고 떠난 자리에 특별한 표시가 없는 것처럼. 그렇다고 설거지가 어렵거나 힘든 일은 아니다. 시간적 여유만 있으면 누구나 흔쾌히 할 수 있고, 여러 번 반복하다 보면 요령도 생긴다.

설거지하는 방법은 가정마다 다르다. 특별한 기준은 없지만 설거지를 시작하기 전, 무엇부터 어떻게 치울 것인지에 대한 나름대로 순서는 있어야 한다. 방과 거실에 접시나 컵은 없는지, 마른 행주는 준비되었는지, 그릇에 남은 음식물 찌꺼기는 싱크대

배수망에 잘 모여졌는지 등을 확인한다. 배수망에 모인 음식물 찌꺼기를 음식물쓰레기통에 잘 비운 다음 본격적인 설거지를 시작한다. 어떤 일이든 절차를 무시하고 서두른다면 앞뒤가 꼬이면서 복잡해지고 스스로 짜증을 부릴 수도 있다.

숙달된 주부들이 10분 안에 끝낼 수 있는 설거지를 나는 적어도 20분 정도 잡아야 한다. 그것도 몇 년이 지나면서 시간이 조금씩 단축된 것이다. 초보자나 미숙련자는 자신의 부족함을 메우기 위해 더 많이 노력해야 한다. 수세미로 한 번 더 닦고, 한 번 더 헹구고, 그릇 정리에서 행주질까지 집중해야만 한다. 그렇게 해야만 가족들로부터 믿음과 인정을 받고 설거지 업무를 계속할 수 있다.

요리하다가 손을 다칠 수 있는 것처럼 설거지할 때도 마찬가지다. 칼, 가위, 국자, 필러, 주방집게 등의 날카로운 도구를 일반 그릇과 함께 씻어서 생기는 일이다. 그릇이나 주방 도구의 모양과 특징에 따라 적절하게 조치할 필요가 있다. 기름기가 남아있는 프라이팬이나 물기에 젖어있는 도마는 각별한 관심을 가지고 처리해야 하고, 행주는 자주 교체해서 뽀송뽀송하게 마른 것을 사용한다. 설거지는 마무리가 아니라 가족들의 편안하고 즐거운 식사를 위한 사전 준비 작업이다.

설거지하다가 컵, 접시, 그릇을 깨뜨리는 경우가 있다. 나도 5년 동안 열 개 정도는 깨뜨렸지 싶다. 걱정할 필요가 없다. 그런 용품은 값비싼 장식품이나 10년, 20년 장기간 사용해야 하는 고정

자산도 아니다. 단지 우리가 편하게 식사할 수 있도록 만들어 놓은 생활용품일 뿐이다. 수납장이나 거실 창고 어딘가에 여유분 그릇이 충분히 있을 것이다. 태연하게 깨진 그릇을 치우고 하던 일을 계속하면 된다.

가수 '김국환'은 이미 1991년에 〈우리도 접시를 깨뜨리자〉라는 노래를 발표했다. "앞치마를 질끈 동여매고 부엌으로 가서 놀자/ (중략)/ 자, 이제부터 접시를 깨자"는 가사가 나온다. 좀 서툴면 어떻고, 접시 몇 개 깨면 어떤가. 남자들이 나이 들면서 모든 것을 아내에게만 계속 의지할 수 없다. 하나하나 배워서 집에서 할 수 있는 일거리 수를 늘려나가야만 한다.

열심히 노력하면서 실수를 한다면 누구나 다 이해하고 넘어갈 수 있지만 계속 소파에만 누워 있다면 가족들 누구도 좋아하지 않을 것이다. 주방에서 접시 깬다고 남자의 자존심이 깨어지는 것은 아니다.

얼마 전, 워킹맘이었던 보건복지부 공무원이 과로사했다는 뉴스를 보았다. 워킹맘에게 퇴근은 곧 출근이다. 일을 마치고 집으로 돌아가는 길이 항상 즐거운 시간만은 아니었을 것이다. 여자인 아내도 숨을 쉬어야 하고, 바람도 쐬고 드라마도 보아야 한다. 그 여유 공간을 만들어줄 사람은 남편뿐이다. 남편들이 술 마시고 밤늦게 집으로 들어가 큰소리치던 시대는 지나갔다. 서로를 배려하는 마음으로 일찍 귀가하여 집안일을 거들어 주어야만 원만한 가정생활을 유지할 수 있다.

나에게 설거지는 더럽고 귀찮은 일이면서 여자들의 권한이자 의무라고만 생각했었다. 지금은 마땅히 내가 해야만 하고, 그렇게 해야 마음도 편하다. 속도가 조금 느리더라도 열과 성을 다하면 아무 이상이 없다. 깔끔하게 정돈되어 빤작빤작 빛이 나는 주방을 보면 내 마음속에 묵은 때를 씻어낸 기분까지 든다. 마음과 행동의 작은 변화가 가족과 가정의 작은 행복을 이끌고 있는지도 모르겠다.

남자가 주방에서 접시를 깬다면 아내가 투덜거릴지 모르겠지만 내심 다치지는 않았는지 걱정을 한다. 그러면서 고맙게 생각할 것이다.

제3부

산복도로 계단

문수암의 띠리 소리

　모임에 참석하기 위해 통영으로 가는 중이었다. 부산에서 서둘러 출발한 탓도 있지만 예상외의 한가한 도로 덕분에 시간적 여유가 많이 생겼다. 경남 고성을 지나다가 일전에 가보았던 '무이산武夷山 문수암文殊庵'에 들렀다. 문수암은 '남해 보리암' '여수 향일암' 못지않은 역사와 절경을 자랑하는 사찰이다. 의상대사가 창건한 이후, 많은 고승을 배출하였고, 화랑들이 심신을 연마했던 곳이다.
　무이산의 8부 능선에 자리 잡은 문수암에 가끔 들르는 편이다. 이곳에 오는 목적은 바위틈 사이에 보인다는 천연의 문수보살상을 보기 위해서가 아니다. 그렇다고 불덕을 빌어 부덕한 마음을 정화하고 싶은 마음도 없다. 파노라마처럼 펼쳐지는 수십 폭의 다양한 풍경화를 볼 수도 있고 어머니와 함께했던 짧은 여행이 두고두고 생각나기 때문이다.

사리탑이 있는 전망대에 서면 자연이 만들어 놓은 울타리에 갇힌 기분이다. 사찰 뒤편에는 수직바위들이 병풍처럼 서 있고, 좌우 양쪽에는 잎맥 모양으로 뻗은 나지막한 산들이 암자를 에워싸고 있다. 산 중턱에 걸린 하얀 구름송이는 가부좌를 틀고 참선하는 스님의 모습을 연상케 한다. 눈앞에 보이는 올망졸망한 섬들이 개울의 징검다리처럼 놓여 있어 전망대에서 그물을 던지면 몇 개는 건져 올릴 것 같다. 그림 속에서 빠져나온 작은 새 한 마리가 하늘을 빙빙 돌며 어미를 찾아 헤매는 듯하다.

15년이 훨씬 지났다. 어머니가 돌아가시기 2년 전, 처음이자 마지막으로 단둘이 1박 2일 여행을 갔었다. 남해안으로 가던 중 문수암을 방문했다. 어머니는 전망대에 앉아 과거의 어려웠던 시절, 특히 내가 어릴 때, 고향에 혼자 남겨져 고생했던 것이 가슴에 한으로 남아 있다고 이야기하셨다. 손수건으로 눈물을 닦고 또 닦으셨다. 나는 다 지나간 일이라고 말은 했지만 눈시울이 뜨거워지는 것은 막을 수 없었다. 어머니에 대한 그리움이 쌓이면 힘들었던 지난 추억과 더불어 문수암이 떠오른다. 아마 나는 언젠가 여기에 또 혼자 와서 있을 것이다.

난데없이 전망대 아래쪽에서 피리 소리가 구슬프게 들려온다. 처량한 소리는 사람의 마음을 이유 없이 끌어당긴다. 잡풀이 가득한 오솔길을 따라 내려갔다. 나이를 분간할 수 없는 남자가 모자를 푹 눌러쓴 채 작은 바위에 앉아 피리를 불고 있다. 나는 그가 눈치채지 못하게 조용히 풀밭에 앉았다. 그는 〈인생유정〉,

〈칠갑산〉 같은 애잔한 노래를 계속 연주했다. 애끓는 피리 소리가 지나간 세월의 아픔을 바다에 하소연하는 것처럼 들린다.

그는 피리를 불면서 눈물을 흘리고 있을지도 모르겠다. 배를 타고 나간 아버지가 몇 년 동안 연락이 없는 건지, 고생만 하다가 돌아가신 어머니가 그리운 건지, 일찍 세상을 떠난 어린 자식이 보고 싶은 건지, 아니면 나처럼 힘들게 살았던 시절을 생각하거나 삶에 대한 회의를 느끼고 있을지도 모르겠다. 생전 처음 보는 사람이지만 같은 생각과 마음을 갖고 있으면 동정심이 생긴다. 그 남자의 피리 소리를 조용히 들으며 내 기억 속의 피리를 떠올려 본다.

나는 어릴 적 풀피리를 잘 불지 못했고, 학교에서 배운 피리를 부는 것도 시원찮았다. '삐이~' 하고 이상한 소리만 나서 피리를 굳이 배우려고 노력도 하지 않았다. 친구들이 피리를 불 때, 나는 입으로 '뻴릴리' 소리 내는 것이 훨씬 편하고 좋았다. 다만 초등학교를 졸업할 무렵 『하멜른의 피리 부는 사나이』에 관한 이야기를 듣고 나에게도 마법의 피리가 있으면 좋겠다고 생각했다. 나에게 요술피리가 있었다면 가난에 찌든 나의 유년 시절을 바다에 묻었을 것이다.

고등학교에 다니면서부터 나는 피리 부는 사나이가 되었다. 가수 '송창식'이 〈피리 부는 사나이〉라는 가요를 발표했고, 그 노래는 나를 위해 만든 곡이라고 생각했다.

나는 피리 부는 사나이/ 걱정 하나 없는 떠돌이/ 은빛 피리 하나 갖고 다닌다./
모진 비바람을 맞아도/ 거센 눈보라가 닥쳐도/ 입에 피리 하나 물고서/ 언제나 웃고 다닌다./
갈 길 멀어 우는 철부지 새야 나의 피리 소리 들으려무나/ 삘릴리 삘릴리리(하략)

— 송창식의 〈피리 부는 사나이〉 중에서 —

그때도 피리를 싫어했고 다룰 수도 없었지만 "모진 비바람을 맞아도 거센 눈보라가 닥쳐도 입에 피리 하나 물고서 언제나 웃고 다닌다."는 가사가 마음을 끌어당겼다. 게다가 경쾌한 리듬에 맞춰 천진난만한 표정을 지으며 허수아비처럼 두 팔을 벌리고 노래하는 송창식의 모습도 매력적이었다. 그때부터 송창식의 노래는 거의 다 따라 불렀고 지금 10대들처럼 열렬한 팬이 되었다.

노래를 부르면 기쁨은 배가 되고 슬픔은 절반으로 줄어든다. 외롭고 쓸쓸할 때 이 노래를 부르며 마음을 달랬다. 아무도 없는 골목길을 혼자 지날 때는 송창식의 표정과 동작까지 흉내를 내며 즐거워했다. 실성한 사람처럼 크게 웃다가 누군가 다가오는 인기척이 들리면 골목길을 달려 나왔다. 송창식의 〈피리 부는 사나이〉는 내가 세상의 밝은 면을 볼 수 있도록 도와준 가이드였는지도 모르겠다. 40년이 지난 지금도 친구들과 노래방에 가면 가끔 불러야 하는 애창곡 중 하나다.

일주문도 없는 문수암을 나서야 할 시간이 되었다. 그 남자의 뒷모습이 처량하게 보이지는 않는다. 어떤 아픔이 있는지 모르겠지만 그에게는 피리가 있고, 그 소리를 들어줄 산과 바다가 있다. 한 가지 바란다면 '삘릴리 삘릴리리' 피리 소리를 내면서 언제나 웃는 멋쟁이가 되었으면 좋겠다.

바닷가 산책

외출의 계절이다. 거실에 들어온 햇살이 온몸으로 스며든다. 아이들과 새들의 재잘거리는 소리가 창문 틈 사이로 들어온다. 베란다의 이파리들도 바깥으로 방향을 돌리고 있다. 화단의 봄꽃들은 본색을 드러내며 누군가를 유혹한다. 산과 바다의 풍경이 눈앞에 아른거린다. 밀폐된 공간에서 벗어나 밖으로 나가고 싶다.

바다 내음을 맡으며 산책이라도 해야겠다. 너무 복잡하지도 한적하지도 않은 광안리 바다가 가까운 거리에 있다. 남천동 해변에서 출발하여 해수욕장과 회센터를 지나 수변공원까지 해변 산책로를 따라가면 이것저것 새로운 풍경을 만날 수 있다. 잊고 있던 활력도 찾을 수 있을 것이다.

편안한 복장에 운동화를 신고 나선다. 여유를 만끽하려면 다른 사람의 시선이나 패션을 의식하면 안 된다. 함께 산책할 동행자도,

소지품도 필요 없다. 스마트폰과 이어폰, 읽을거리는 잠시 집에 보관해 둔다. 그것들은 모처럼 찾은 자유를 구속으로 바꾸어 놓을지도 모른다. 산책하는 동안은 오롯이 나 자신을 위한 시간이다.

가끔 뒷산에 갈 때도 있지만 바닷가를 산책하면 기분이 더 좋다. 어린 시절부터 갖고 있던 바다에 대한 막연한 동경심이 여전히 남아 있다. 한때는 외항선을 타고 세계 곳곳을 누비는 마도로스가 꿈이었다. 굵직하고 뭉툭한 파이프를 입에 물고 망망대해를 누비고 싶었다. 지금은 유람선에 몸을 싣고 작은 섬을 여행하는 것으로 만족하며 살아야 한다.

4월의 날씨는 춥지도 덥지도 않다. 두 팔을 가볍게 흔들고 시선은 좌우로 살피면서 걷는다. 어딘가에서 달려온 마파람은 머리카락을 흩날린 후 나를 앞서 달려간다. 심장으로 파고들어 온 해변의 신선한 공기는 핏줄을 타고 발끝까지 내려간다. 뱃고동 소리가 들려오고 남천동 벚꽃 향기까지 날아온다. 내가 봄이 된 기분이다. 봄이 광안리 바닷가를 활기차게 걸어간다.

해수욕장에 도착하면 모래사장을 넘나드는 파도의 끝자락을 밟고 걷는다. 그곳은 바다와 내가 교감을 나눌 수 있는 구역이다. 신발과 바지가 좀 젖어도 좋고 한 번 넘어져도 괜찮다. 파도가 발끝에 닿으면 바다의 따뜻하고 넓은 포용력을 느낀다. 새로운 흔적을 남기며 사부작사부작 걷는다. 아쉬운 마음에 뒤를 돌아보고, 또 돌아본다. 어느새 세속의 흔적은 사라지고 없다. 가슴속의 멍울도 소리 없이 흘러내린다. 바다가 나의 이기심과 오만

함을 이해하고 감싸주는 듯하다.

　백사장에 퍼질러 앉아 봄맞이 나온 행락객들을 살펴본다. 아이들은 동화에 나오는 모래성을 쌓고 학생들은 동그랗게 둘러앉아 손뼉을 치며 노래를 부른다. 젊은 연인들의 화사한 복장은 봄꽃을 대신한다. 손을 잡고 걷는 노부부의 얼굴에는 미소가 끊이지 않는다. 백사장의 사람들 모두가 밝은 표정이다. 젊은이들의 활기찬 모습도 보기 좋지만 다정다감하게 걸어가는 노부부의 모습은 마냥 부럽기만 하다.

　파라솔의자에 앉아 있는 여자 주위로 예닐곱 마리의 갈매기들이 모여 있다. 여자가 던지는 과자를 쪼아 먹는다고 바쁘다. 십여 미터 앞에는 한 남자가 이젤에 걸쳐진 캔버스에 여자와 갈매기의 모습을 스케치하고 있다. 갑자기 인상파 화가 '모네'의 작품, 〈트루빌 해변의 카미유〉가 생각난다. '카미유'는 모네의 아내 이름이다. 하얗게 부서지는 파도를 배경으로 양산을 비껴들고 있는 아내의 모습을 그린 그림이다. 왜 바다를 배경으로 한 여자의 모습을 화폭에 담을까. 여자와 남자 누가, 무엇을 원했을까.

　다시 걸으면서 광안대교를 바라본다. 상판의 차들은 이기대를, 하판의 차들은 해운대를 향해 달려간다. 차를 타고 있는 사람들은 누구를 만나기 위해 집에서 나왔거나, 누구랑 헤어지고 집으로 돌아가는 중이다. 세상에 영원한 만남도 영원한 기쁨도 없다. 만남의 기쁨은 이별의 슬픔을 위한 전주곡일 뿐이다. 나를 알고 좋아하던 많은 사람이 떠났고 지금도 떠나고 있다. 나도 그들과 이별을 했고 또 다른 이별을 준비해야 한다. 그러면서 또 누군가를 만나 기뻐할 것이다.

횟집 건물이 백 미터 정도 즐비해 있는 회센터 앞을 걷는다. 내가 다른 안주보다 해산물을 좋아한다는 이유로 지인들과 모임을 여러 차례 했던 곳이다. 바다를 보며 소주를 털어 넣었던 나의 체취가 건물 어딘가에 남아 있을지도 모른다. 옛날에 자주 갔던 장소에 오면 그곳에 다시 가보고 싶은 마음이 생긴다. 호객행위를 하는 아주머니들의 목소리까지 귓전을 때린다. 추억은 마음속에 있을 때 아름답다. 언젠가 다시 갈 수 있다는 기대를 안고 걸음을 재촉한다.

인적과 차량 통행이 뜸한 방파제 길이다. 단순하고 지루한 산책로를 벗어나 폭이 50㎝ 불과한 둑길에 올라 걷는다. 둑길은 육지와 바다의 경계선이다. 한쪽은 낭떠러지, 반대쪽은 한 번 빠지면 나오기 힘든 테트라포드 밭이다. 우리 주변에는 많은 위험과 유혹이 있다. 어떤 상황이 닥치더라도 중심을 잘 잡고 나가야 한다. 잘못된 방향으로 가고 있다면 자신의 실수를 인정하고 반성할 수 있는 용기도 필요하다. 욕심을 버리고 한발 한발 나아갈 때 행복이 우리 곁으로 다가온다.

수변공원에 설치된 벤치에서 두 팔을 쭉 뻗으며 간단한 스트레칭을 해본다. 건강을 위해 스포츠센터에 다니는 사람도 있다. 그것도 좋은 방법이지만 하루 30분 정도 걷는 유산소운동도 생각보다 괜찮다. 산책을 꾸준하게 하면 몸을 활기차게 만들어 스트레스와 우울증 해소에 도움이 된다. 바다를 보며 햇살까지 받고 자연이 제공하는 보약까지 마셨으니 마음이 조금 넓어지고 신체 리듬은 정상으로 돌아가는 느낌이다.

눈앞에 보이는 수영만의 마천루와 광안대교가 열십자(+) 모양으로 교차하고 있다. 갈매기 한 마리가 교차점 주위를 빙빙 맴돌고 있다. 자신의 목표를 위해 어느 좌표로 날아갈 것인지를 선택해야 한다. 어디를 선택하든 편하고 즐거운 삶은 없다. 묵묵히 최선을 다해 정진한다면 그 길이 꽃길이다.

악어의 눈물

온갖 고난을 이겨내고 목표를 달성하는 다큐멘터리를 보면 눈물이 나온다. 내 마음이 동요하여 흘리는 감정의 눈물이다. 된장찌개를 끓이기 위해 땡초와 양파를 몇 개 썰고 나면 저절로 눈물이 흐른다. 눈물샘에서 나오는 분비물이기 때문에 눈물은 맞지만 내 의지와 상관없이 흐르는 거짓눈물이다.

셰익스피어의 비극, 『오셀로』에 '거짓눈물'이라는 표현이 나온다. 오셀로는 아내 데스데모나를 창녀라고 부르며 불륜을 추궁한다. 이유를 모르는 데스데모나는 흐느끼며 눈물을 흘린다. 오셀로는 그녀의 눈물방울이 악어가 될 것이라고 말하면서 목을 조른다. 아내의 눈물은 악어가 흘리는 거짓눈물과 같다는 표현이다.

악어는 눈물샘이 없다. 악어가 물 밖으로 나왔을 때 눈이 건조해지는 것을 방지하기 위해 끈적끈적한 점액을 내보낸다. 특히 악어가 먹잇감을 낚아챈 뒤 입을 크게 벌리면 사람들이 맛있는 음식을 보고 침을 흘리는 것처럼 점액질 배출이 왕성해진다. 먹이를 삼키기 쉽게 수분을 보충하는 행동이 불쌍한 먹이를 해치우며 참회의 눈물을 흘리는 것처럼 보인다. 실제는 즐겁게 배를 채우고 있는 것이다.

'악어의 눈물'은 슬픔과는 전혀 상관없는 거짓눈물을 말한다. 거짓 참회나 위선적인 행동을 하는 사람들에게 사용하는 말이다. 스포츠에서 승자가 패자에게 등을 두드려 주는 행동이나 선거에서 당선자가 낙선자에게 미안하다며 악수를 청할 때, 사람들은 '악어가 눈물'이라고 표현한다.

최근 TV 화면을 통해 악어의 눈물을 자주 볼 수 있게 되어 마음이 씁쓸하다. 온갖 비리를 저지른 정치인은 "정적政敵들이 표적수사를 하고 있다. 정의는 살아있다."고 외치며 눈물을 흘린다. 죄를 인정하는 반성보다는 억울함만 주장한다. 자신을 믿고 지지해준 국민의 고통과 슬픔은 안중에도 없다.

사리사욕만 챙기는 일부 기업의 회장님과 가족들도 있다. 그들은 종업원을 짐승처럼 취급하고 소비자를 봉鳳으로 여긴다. 악덕 기업의 비인간적이고 부도덕한 행태가 만천하에 폭로되어도 그들은 발뺌을 계속한다. 소비자들이 불매운동을 하고 여론의 질타를 받고 난 뒤에야 자신들의 잘못을 인정한다. 준비된 원고를 읽으면서 눈물을 한 번 흘리면 그만이다. 피해를 본 종업원과 가족들, 소비자들은 평생 지울 수 없는 상처를 안고 어둠 속에서 눈물을 흘리며 살아야 한다.

사람들은 더 이상 정재계 인사들이 흘리는 악어의 눈물을 보고 싶어 하지 않는다. 국민의 눈물을 먼저 닦아줄 수 있는 진정한 정치인, 사람을 우선적으로 생각하는 기업인을 국민은 요구한다. 그런 정재계 지도자들이 세상을 떠나면 국민은 스스로 존경과 감사의 눈물을 흘릴 것이다.
　정치인과 국민, 사용자와 노동자 다 같이 어머니 품에서 태어나 자연으로 돌아가는 평등한 인간이다.

산복도로 계단

　부산의 대표적인 산복도로는 초량에 있다. 초량草粱은 '풀밭의 길목'이란 뜻이고 6·25전쟁 당시에도 산기슭에 목장이 있었던 곳이라고 한다. 부산에 피란민들이 몰려오면서 풀밭은 집터로 바뀌었고 산복도로와 계단이 만들어졌다. 우리 가족이 부산에 이사 와서 처음 살던 곳은 초량이다. 그곳에서 태어난 막내가 초등학교 1학년을 다닐 때까지 살면서 정이 많이 들었던 곳이다.
　얼마 전, '초량 이바구길'이 방문객들의 좋은 호응을 얻고 있다는 인터넷 기사를 읽었다. 호기심에 지하철을 타고 초량에 있는 목적지를 찾아갔다. 길 가장자리에 설치된 관광안내도를 보았다. 안내판을 보는 순간 눈이 번쩍거렸다. 이바구길은 낯선 길이 아닌 내가 10년 가까이 오르내리던 산복도로와 우리가 살던 동네가 포함되어 있었다. 20년 넘게 헤어졌던 친구를 만나는 반가운 마음과 함께 옛날에 살던 집이 그대로 있을까 하는 궁금증도 더해졌다.

　나의 머릿속에는 이바구길보다 산복도로를 오르내리던 기억으로 가득 채워졌다. 초량의 산복도로는 시내버스가 다니는 윗길과 차 두 대가 겨우 비껴갈 수 있는 아랫길이 있다. 우리 가족은 '48계단'을 오르면 나타나는 산복도로 아랫길의 나들목에 살았다. 그곳에서 산복도로 윗길로 가는 가장 빠른 지름길은 경사 45도, 길이 40m의 아찔한 '168계단'을 이용하면 된다. 산복도로 윗길에서 두 계단을 이용하여 달리면 부산역까지 금세 도달할 수 있다.

　계단은 사람과 공간을 이어주는 층층대다. 회사나 학교 건물로 들어가기 위해, 법당이나 예배당에서 기도하기 위해, 비행기에 탑승하기 위해 계단을 이용해야만 한다. 아무리 힘들고 어려운 일이 있어도 한 계단 한 계단 천천히 밟고 올라가야만 목표가 보인다. 사람들은 현실에 순응하면서 더 나은 미래를 위해 계단을 오르내린다. 나는 내 몸과 마음이 쉴 수 있는 우리 집으로 가기 위해 산복도로 계단을 올라야만 했다.

　아이들이 잠깐 다녔던 초량초등학교 담벼락을 지나면 48계단이 나온다. 계단을 따라 설치된 철제 난간을 잡았다. 젊은 시절, 직장 동료들과 술을 한 잔 마신 후 버스를 타고 부산역 앞에서 내렸다. 완만하게 경사진 도로를 따라 10여 분을 급하게 올라오면 숨이 차서 계단을 오르는 게 부담스러웠다. 난간을 잡고 3분 정도 쉬었다. 짧은 시간이지만 일과를 정리하고, 반성하기에는 부족하지 않았다. 그때나 지금이나 철제 난간은 여전히 차갑게 느껴지지만

'내일은 더 잘하자.'라는 다짐을 할 수 있도록 만들어준 고마운 나침반이었다.

추억의 계단을 올랐다. 내가 살던 이층집이 보인다. 집은 좀 낡았지만 파란 대문에 연분홍색 담장이 그대로다. 2층에 살면서 아랫동네와 바다를 내려다보는 즐거움도 있었지만 불편함도 컸다. 애들이 뛰어다닌다는 이유로 1층 주인집의 잔소리도 제법 들었다. 겨울에는 외풍이 심해 기침을 자주 했고 연탄재를 버리는 것도 큰일이었다. 춥고 힘들었지만 애들이 건강하고 바르게 성장하는 모습을 보면서 즐거움과 희망을 잃지 않았다. 무엇보다 직장까지 그만둔 아내가 머슴애 둘 키우면서 이래저래 고생을 많이 했다는 생각을 떠올리니 안쓰러운 마음이 든다.

산복도로 정상으로 향하는 막바지 고비는 숨이 턱 막힐 정도로 까마득한 '168계단'이다. 최근에 설치된 모노레일을 타고 편안하게 올라갈 수도 있지만 그 편리는 산복도로의 진정한 의미를 반감시킨다. 힘들면 계단에 앉아 부산역과 바다를 바라보며 잠시 쉬면 된다. 느긋한 마음으로 계단을 하나하나 밟고 올라갔다.

계단이 없는 산복도로는 없다. 계단을 오르면서 나뭇가지처럼 뻗어 있는 샛길을 따라 각자의 집으로 들어간다. 비록 집은 허름하지만 따뜻하고 아늑한 보금자리다. 앞집의 옥상은 뒷집의 빨래와 생선을 말리는 곳이고, 뒷집은 앞집의 바람막이 역할을 한다. 산복도로 사람들은 밤하늘의 별을 보면서 더 높은 계단을 밟고 올라가기를 꿈꾼다. 그 계단의 끝에는 사랑과 행복의 열매가 달려 있다고 믿고 있다. 그래서 그들은 누구보다 더 열심히 하루를 보낸다.

1960~70년대 사람들은 삶을 위해 산복도로 계단을 올랐다. 여자들은 계단 아래의 우물에서 길은 물을 머리에 이고, 막노동하는 가장은 온종일 일하고 받은 일당으로 식량을 구매해서 가족들이 기다리는 집으로 가기 위해, 우체부 아저씨는 희로애락이 담긴 전보와 편지를 전하기 위해, 초량초등학교의 어떤 학생은 100점 받은 기쁨을 할매 할배에게 자랑하기 위해 168계단을 올랐을 것이다.

애들과 함께 산복도로 최상단에 있는 구봉산의 약수터까지 가기 위해 168계단을 몇 번 이용한 적이 있다. 계단 중간에 중년이나 노인들이 부산역과 바다를 보면서 앉아 있는 것을 여러 번 보았다. 그때는 그들이 지루한 시간을 보내기 위해 계단 높은 곳에 앉아 있다고만 생각했다. 그게 아니었다.

부산항에서 일감이 있다는 신호로 뱃고동이 울리면 그들은 단걸음에 뛰어 내려갔다. 기차가 검은 연기를 푹푹 토하면서 부산역으로 들어오면 서울로 돈벌이 간 지아비나 아들이 돌아오지나 않을까 하는 기대감에 눈이 빠지게 바라보는 곳이었다. 언젠가 저 아랫동네에 내려가 살 수 있을 거라는 작은 꿈을 꾸던 곳이기도 하다. 산복도로 사람들에게 계단은 가족 간의 마음을 이어주는 통로였고 간절한 희망을 바라보는 전망대였다.

정상에 오르면 '까꼬막(산비탈)'이라는 전망 좋은 찻집이 자리 잡고 있다. 따뜻한 커피를 마시면서 힘들게 올라온 계단과 부산역, 바다를 바라본다. 세월이 흐르면서 산복도로 동네에도 많은 건물과 아파트가 들어서 있다. 기차는 더 빨라졌고, 바다는 점점 더 멀어지고 있다. 이제 부산역의 기차를 바라보는 사람도, 뱃고동 소리에 뛰어 내려갈 사람도 없지만 '산복도로 계단'은 사람들의 작은 소망을 하늘로 올려주고 있다.

— 제5회 금샘문학상 수필부문 대상. 2018. 11.

상상의 여행

　지도는 나의 친구였다. 초등학교 5학년 때 지리부도를 처음 접했다. 세계 지도에는 생판 모르는 나라와 드넓은 바다가 있었다. 각 대륙의 위치와 나라의 수도를 연필로 짚어가며 시간 가는 줄 몰랐다. 평소 가고 싶어 했던 미국은 태평양을 횡단하는 배를, 스위스는 전용 비행기를 타고 떠나는 지도상의 여행을 수백 번 했었다. 새로운 세상을 구경하는 설렘과 야릇한 기분은 지금도 잊을 수 없다.
　세계 지도를 펼쳐 놓고 지우개를 던질 때도 있었다. 지우개가 소련과 같은 공산주의 국가에 떨어지면 나는 그때부터 대한민국의 특수요원이 되었다. ⟨007⟩ 영화에 나오는 첩보원, '제임스 본드'처럼 그 나라에 포로로 잡혀 있는 가상의 한국인을 구하기 위해 바로 출발했다. 하늘을 나는 자동차에 기상천외한 무기를 싣고, 가끔은 투명인간이나 로봇이 되어 임무를 완수하고 돌아왔다.

뿌듯한 마음으로 잠을 청했다.

　친구들이 집에 놀러 오면 주사위 놀이 외에 특별한 재밋거리가 없었다. 지리부도를 펼쳐 놓고 각 나라의 수도와 작은 도시, 아프리카의 잘 모르는 나라를 찾는 게임을 하면서 즐겁게 지냈다. 지도의 사막과 호수, 운하를 찾아보는 시간 동안 나는 심심하고 외로움을 잊을 수 있었다. 덕분에 지금도 세계의 주요 도시 이름을 말하면 어느 나라, 어디쯤 있다는 것을 대충 알 수 있지만 그게 살아가는데 특별한 도움이 된 것은 아니다.

　고등학교를 졸업하면서 몇 년간 잊고 있었던 지도를 군대에서 다시 만났다. 사격지휘소 업무를 맡으면서 3년 가까이 상황판, 군사 지도를 옆구리에 끼고 다녔다. 내가 근무하는 인근 지역의 도로와 산은 물론 전봇대와 폐가의 위치까지 정확하게 파악하여 지도 위에 핀을 꽂아야 한다. 지도에서 1㎜의 오차는 표적에서 30m 이상 차이가 난다. 지도를 보는 능력에 따라 아군의 피해가 증감될 수도 있다. 우불구불 휘어진 강줄기의 선과 등고선 하나하나가 매우 중요하다는 사실을 알았다.

　지도에는 아주 작게 축소된 그림 위에 여러 가지 색깔의 기호와 동서남북이 표시되어 있다. 자신의 목적지에 무사히 도착하기 위해서는 어느 길을 지나 어느 방향으로 가야 하는지 잘 선택해야 한다. 그러기 위해서는 축척과 범례, 방위표를 잘 읽어야 한다. 지도는 그림처럼 보는 것이 아니라 책처럼 읽어야 한다. 길눈이 밝은 사람은 지도를 잘 읽고 지형지물을 잘 기억하고 있다.

직장 생활을 하면서 여행을 많이 다녔다. 승용차의 글러브 박스에는 전국은 물론 지역별 관광안내지도가 여러 장 있었다. 여행을 가는 곳마다 그 지역과 관련된 책자와 지도를 꼭 챙겼다. 멀리 전라도와 충청도, 강원도 여행을 가면 지도를 들고 주민들에게 묻고 또 물어서 목적지를 찾아갔다. 가는 곳마다 친절한 사람들의 따뜻한 정이 오래도록 마음속에 남아있다.

차에서 지도가 사라지면서 인심과 소통이 사라지고 있다. 최근 승용차 운전자들은 내비게이션이나 스마트폰 길 찾기 앱으로 목적지를 찾아간다. 정확하고 편리하지만 인간미가 없다. 어디로, 어느 방향으로 가야겠다는 생각과 판단도 없이 무조건 복종해야 한다. 기계가 사람을 하인처럼 부려먹고 조종하는 기분까지 든다. 일방적인 전달과 과도한 지시는 사람을 짜증이 나게 만들 때도 있다.

한 달에 두어 번 집에 오는 작은아들 방에 가끔 들어간다. 방 청소와 정리를 해주기 위해서다. 이제 특별하게 지도 볼 일이 없을 거로 생각했는데 책꽂이 한쪽 구석에 조용히 서 있는 지구본이 나를 보며 빙긋이 웃는 듯하다. 아들이 초등학교 다닐 때 선물로 사준 것이다. 나는 어릴 적 평면 지도를 보았지만 지구처럼 둥근 지도를 보면 뭔가 색다른 생각을 할 수 있지 않을까 하는 기대를 하고 있었다. 의자에 앉아 지구본을 천천히 돌려보았다.

어린 시절, 가고 싶어 했던 많은 나라와 도시들이 파노라마처럼 지나간다. 실제로 나는 국내여행과 달리 해외여행은 딱 두 번,

중국과 일본을 다녀온 게 전부다. 누군가가 나에게 세계 여행을 마음대로 할 수 있는 자유 여행권을 준다면 나는 어디를 선택할까. 만약이지만 가슴이 두근거린다. 한참을 고민하다가 중·고등학교 시절의 꿈이 하나 생각났다. 기차를 타고 스페인의 수도 마드리드까지 가는 것이다.

지구본 위를 손가락으로 짚어 가며 상상의 여행을 떠나 본다. 경부선과 경의선을 이용하여 한반도를 종단한다. 중국과 몽골을 지나 대평원을 보면서 시베리아 횡단철도에 몸을 싣는다. 동유럽에서 며칠 쉬다가 유럽횡단철도를 타고 이색적인 풍경을 감상하면서 스페인의 마드리드에 도착한다. 무엇을 꼭 보아야 한다는 목표는 없지만, 환상적인 여행일 것이라는 생각에 주체할 수 없는 미소가 입가에 번진다.

사람들은 마음속의 지도를 갖고 인생길을 걸어간다. 자신의 길을 묵묵히 가는 사람도 있지만 그렇지 못한 사람도 있다. 타인이 만들어 놓은 길을 억지로 따라가는 것은 아닌지 한 번쯤 되돌아볼 수 있으면 좋겠다. 어린 시절의 동경심, 학창 시절의 희망, 성인으로서의 포부가 지도상의 한 점으로만 남아있다면 이제는 그 좌표를 옮겨야 한다. 자신의 꿈을 찾아 날개를 퍼덕이며 넓은 세상으로 힘차게 날아올라 보자.

지금까지 많은 사람을 만나면서 내 인생의 새로운 지도를 여러 권 만들었다. 젊었다는 이유 하나로 개울에도 빠져 보고, 강도 건너보려고 노력했다. 무리라는 걸 알면서도 파도와 싸워

이기려 했다. 지금 생각해보면 그게 꼭 허송세월만은 아니었다. 아무리 작은 산이라도 힘과 용기만으로 쉽게 넘을 수 없고, 굳이 산을 넘지 않고 돌아가도 된다는 교훈을 얻었다.

  직선으로 곧장 달려 목표 지점에 도달하기는 어려운 일이다. 비가 오면 잠시 쉬고, 철옹성 같은 장애물을 만나면 목표를 수정할 수 있는 여유를 가질 필요가 있다. 이제 마음속의 지도를 잘 읽으면서 나이에 걸맞은 항해를 하고 싶다.

  언젠가 기차를 타고 어디론가 떠나고 있는 나를 상상해 본다.

정류소 벗나무

친한 친구가 한 명은 있어야 한다. 술 때문에 친구를 만나는 것은 아니다. 서로 마주 앉아 사소한 담소를 나누는 자체가 즐거워 술을 마시는 것이다. 친구는 나의 이야기에 잘잘못을 가리거나 훈계를 하지 않는다. 그냥 술잔만 부딪히고 고개를 끄덕거려 주면서 한편이 되어 준다. 그렇게 떠들면서 마시고 나면 속이 시원하다. 지금은 내가 필요할 때 만나서 마음을 털어놓을 수 있는 친구가 없다.

술을 마시지 못하는 친구를 한 명 만났다. 그의 둥치는 아직 한 아름이 안 되지만 키는 오 미터가 넘는다. 키가 커서 아파트 안쪽 놀이터에서 노는 아이들과 길 건너편 상가 2층 커피숍에 앉아 대화를 나누는 사람들의 모습까지 다 볼 수 있다. 자판기 커피를 마시며 휴식을 취하는 택시기사들의 인생살이와 마을버스를 기다리는 아주머니들의 정담도 듣는다. 그는 많은 것을 듣지만 누구에게도 말하지 않는다.

아파트 정문 옆 마을버스 정류소에 있는 벚나무가 바로 그 친구다. 내가 사는 아파트로 이사 온 지 거의 20년이 되었다. 그 친구는 어딘가의 묘목 밭에서 어린 시절을 보내다가 아파트 안쪽 벚나무들과 함께 이곳으로 이사를 왔다. 나이는 스무 살 안팎이지만 나보다 더 속이 깊다는 게 가장 큰 매력이다. 얼마 전 밤늦게 술을 마시고 집으로 오다가 잠시 쉬면서 그를 처음 알게 되었다. 이제는 마트에 갈 때나 마을버스를 기다릴 때 그와 많은 대화를 나눈다. 모든 이야기를 들어주고 웃어주는 좋은 친구다.

나는 그 친구의 이름을 '정벗'이라고 지었다. 정벗은 봄날의 아름다운 꽃과 가을의 울긋불긋한 단풍을 자랑하면서 자신의 존재감을 표출한다. 여름에는 시원한 그늘을, 겨울에는 매서운 바람을 피할 수 있는 바람막이를 사람들에게 제공한다. 누군가는 그를 발로 차거나 침을 뱉으면서 화를 풀기도 하고, 누군가는 그에게 등을 기대어 하루를 반성하고, 누군가는 그를 끌어안고 눈물을 흘리기도 한다. 나도 그를 몰랐을 때는 그랬을 것이다. 지금은 그의 허리를 잡거나 마주 보면서 대화를 한다.

"정벗아, 너도 다른 친구들처럼 아파트 안쪽에 있지. 왜 도로변 인도에 서 있어?"
"특별한 이유는 없어. 그냥 줄을 잘못 섰을 뿐이야."
"어디 가든 줄을 잘 서야 하는데…."

"처음에는 아파트 안쪽에 있는 친구들을 많이 부러워했는데, 이제는 괜찮아. 어디에 서 있던 장단점이 다 있다는 사실을 알았어."

"도로변에 있으면 불편하고 힘든 게 많잖아?"

"안쪽보다 시끄럽고 공기도 좋지 않지만 나름 즐겁게 지내. 등하교하는 학생들, 금련산에 오르는 등산객들, 상가의 커피숍과 미장원, 마트에 들락거리는 주민들, 택시기사들까지 다 만나면서 세상 돌아가는 이야기를 들을 수 있어서 마냥 즐거워."

"많이 보고 듣는구나. 나는 요즘 만날 친구가 없어서 늘 따분하고 지루해."

"너도 예전처럼 모임에 자주 나가고, 여행도 다니고 해. 자신을 가둬놓고 살면 매사에 의욕이 떨어지고 심하면 우울증에 걸릴 수도 있어."

"그렇게 하고 싶지만, 이제 돌아다니는 게 귀찮기도 하고 눈치도 보이고…. 그래서 그런지 몰라도 요즘 좀 속이 답답하고 외롭다는 생각을 할 때가 많아."

한 줄기 바람이 지나가자 정벚은 나의 말을 이해한다는 듯이 자신의 가지를 가볍게 흔들어주었다. 목줄을 단 애완견이 정벚의 밑동에 다가와 냄새를 맡아보더니 이내 소변을 찔끔거린 후 주인을 따라간다.

"강아지가 소변을 보고 지나가면 짜증이 나겠네?"

"강아지는 양반이야. 한밤중에는 술에 취해 소변을 보거나 토하는 사람, 먹다가 남은 음료를 붓고 가는 사람도 있지."

"기분 나쁘겠다."

"소변이야 나에게 주는 거름이라 생각하면 되지만 내 몸에 담뱃불을 비벼 끄거나 광고지를 붙이기 위해 테이프나 노끈을 칭칭 감기도 하고 심지어 현수막을 걸기 위해 못까지 박는 사람도 있지."

"사람들이, 참 너무하네. 그럴 때 기분은 어때?"

"내 숨통을 조르고, 심장을 찌르는 기분이지만, 스스로 환경을 벗어날 수 없기 때문에 모든 걸 수긍하면서 살려고 생각해. 아파트 안쪽 친구들은 해마다 무서운 톱으로 가지치기를 당하는 아픔을 겪는데, 그것과 비교하면 아무것도 아니야."

"그렇구나. 나도 지금 힘들다고 생각하지만 나보다 더 힘든 사람이 많겠지?"

"이 세상에 마음 편하게 사는 사람은 한 사람도 없어. 힘들어서 그런 것도 있지만 자꾸 욕심을 키워 자신을 피곤하게 만들기 때문일 거야."

"그래. 맞는 말이야. 정벚아, 너도 꿈이 있니?"

"있지. 한때는 저 위에 보이는 금련산으로 이사 가는 것이었는데 지금은 여기가 좋아. 어릴 때부터 여기서 자랐으니, 이제 여기가 고향이야. 어디서 살든 만족하는 삶은 없어. 주어진 환경에서 최선을 다하면서 열심히 살면 그게 행복이야. 지금 있는 자리에서 한 육십 년 정도, 사람들의 수명만큼만 더 살았으면 좋겠어."

정벚은 산이나 공원에 서 있는 친구들과 비교하면 흙수저 인생을 살고 있는지도 모른다. 좋은 환경도 아니고 누구로부터 특별한 대접도 받지 못한다. 매일 매연을 마시면서 행인들의 발길에 차이고 몸이 망가지는 고통을 당하면서 살아야 한다. 그래도 그는 자신의 운명을 당연하게 받아들이면서 하루하루를 즐겁게 생활하고 있다. 스스로 변화시킬 수 없는 어려운 환경에서 산다고 불평하고 한탄만 할 수는 없다. 정벚처럼 긍정적으로 생각하고 만족하는 삶을 살 수 있으면 좋겠다.

정벚은 사람처럼 고개를 돌리지 않아도 사방을 다 볼 수 있지만, 누구를 시기하거나 부러워하지 않는다. 그래서 나는 정벚을 좋아한다.

오륙도 등대의 꿈

　바다 위, 35m 상공을 보행한다. 길이 15m의 유리 다리가 깎아지른 듯한 절벽에서 툭 튀어나와 있다. 하늘 위를 걷는다는 의미가 담긴 '스카이워크'를 조심스럽게 쥐걸음을 치며 나아간다. 사람들의 무게에 혹시나 투명한 유리판이 깨질지도 모른다는 생각에 마음이 조마조마하다. 발아래에는 거센 파도가 바위에 부딪쳐 다리를 삼킬 듯이 용솟음치고 있다. 바른편에는 대여섯 개의 작은 섬들이 돌탑처럼 솟아 있다.
　스카이워크 난간을 꽉 잡고 올망졸망하게 줄지어 서 있는 오륙도를 바라본다. 오륙도는 신선대와 백운포, 이기대의 아름다운 절경을 병풍처럼 등지고 있다. 두 팔을 크게 벌려 광안대교와 동백섬, 조도와 태종대의 손끝을 맞잡고 이웃처럼 지낸다. 그 펼쳐진 가슴으로 태평양과 인도양에서 어렵고 힘들게 달려온 피곤한 손님들을 따뜻하게 맞이한다. 뜨거운 땡볕이 내리쬐는 날,

눈보라가 몰아치는 날, 칠흑 같은 어두운 밤에도 오륙도는 자세를 흩트리지 않는다. 보고 싶은 임을 기다리는 망부석처럼 항상 그 자리에 그대로 서 있다.

오륙도의 겉모습을 보려면 해운대 '미포 선착장'이나 최근에 생긴 용호동 '다이아몬드베이'에서 유람선을 타고 한 바퀴 돌면 된다. 직접 섬에 들어가 낚시를 하거나 휴식을 취하고 싶으면 스카이워크 해안가, 승두말에서 정기적으로 다니는 유람선을 타야 한다. '방패, 솔, 수리, 송곳, 굴, 등대'라고 이름 붙여진 섬 어디서든 내려서 시간을 보내다가 다시 회항하는 배를 타고 다른 섬으로 이동하거나 선착장으로 나오면 된다. 낚시꾼이나 여행객들 대부분은 '굴섬'과 '등대섬'을 많이 방문한다.

매일 가는 산책로나 복잡한 시가지를 벗어나 낯선 장소에 가고 싶을 때가 가끔 있다. 낯설지만 새롭고, 두렵지만 신기한 곳을 다녀오면 몸과 마음이 활력과 의욕으로 가득 채워진다. 그 생경한 느낌을 간직하기 위해 역사적 의미가 있는 거문도 등대섬과 '가고 싶은 섬'이라 불리는 매물도 등대섬을 몇 년 전에 가보았다. 시간적으로나 경제적으로 부담이 상당했다. 특별한 가치가 있거나 아무리 아름다운 곳이라 할지라도 접근성이 떨어지면 사진이나 영상으로만 감상해야 한다.

오륙도 등대섬은 도심에서 가까운 거리에 있어 쉽게 찾을 수 있다. 등대섬에 혼자 가서 한갓진 시간을 보낸 적이 몇 번 있다. 유람선에서 내려 10분 정도 계단을 천천히 밟고 오르면 등대섬

정상에 도달한다. 그곳은 바다의 수련원이다. 자판기와 가게도 없고, 종소리와 목탁 소리도 들리지 않는다. 조용히 쉬어 가든, 수다를 떨고 가든, 노래를 부르든, 고함을 지르든 아무도 상관하지 않는다. 그저 등대는 낮에 보고 들었던 인간들의 행위를 별이 뜨는 시간에 불빛에 실어 머나먼 바다로 날려 보낼 뿐이다.

오륙도 등대는 바다에서 육지를 바라볼 수 있는 지점이다. 부산항과 해운대, 황령산과 태종대를 잇는 원의 중심에 있다. 각도를 따라 조금씩만 움직이면 전혀 다른 풍경들이 시야에 들어온다. 망망대해 위에 끝도 없이 그어진 수평선, 무엇을 싣고 어디를 가는지 알 수 없는 컨테이너선, 마천루의 도시 해운대, 계절에 따라 색깔을 바꾸는 황령산, 말을 타고 달려올 듯한 태종대, 행복을 싣고 파도를 가르는 유람선과 낚싯배들이 선을 따라 배치되어 있다. 인상파 화가들이 여기 왔다면 빛의 변화에 따라 수십 폭의 걸작을 남겼을지도 모를 일이다.

오륙도 섬 중에서 가장 큰 굴섬이 등대섬 지척에 있다. 6~70명 정도가 들어갈 수 있는 커다란 굴이 있어 붙여진 이름이다. 등대에서 굴섬을 바라보면 마치 폭포에서 거대한 물줄기가 쏟아져 내리는 듯한 하얀 절벽이 선명하게 보인다. 굴섬에서 텃새처럼 사는 가마우지의 배설물이 비바람에 흘러내리면서 만들어 놓은 색다른 풍경이다. 가마우지 무리는 오전에 이곳을 떠나 낙동강 하구에서 먹이활동을 한 후 해거름에 굴섬으로 돌아와 새끼들을 돌본다.

'등대(lighthouse)'는 따뜻한 불빛을 내뿜는 집이다. 낙동강 하구에서 온종일을 보낸 가마우지는 오륙도 등대를 기준점으로 굴섬으로 돌아오는 퇴근길을 재촉한다. 컴컴한 바다를 표류하던 선박은 등대의 불빛을 보고 방향을 잡는다. 삶이 힘들어 방황하는 젊은이들에게는 등대 같은 사람이 필요하다. 가야 할 곳, 돌아갈 곳, 쉬어 갈 곳을 찾는 사람들은 마음속에 작은 등대 하나를 갖고 있다. 등대는 모두의 가슴에 품고 있는 목표이자 희망이다.

　등대가 바다에만 있는 것이 아니다. 휴전선을 바라보며 철책을 지키는 초병, 아무런 대가 없이 자신보다 어려운 이웃을 묵묵히 돕고 있는 자원봉사자, 남극 세종기지에서 과거와 미래의 세계를 연구하는 과학자, 세계 곳곳의 전쟁터와 가난한 나라에서 환자를 돌보고 있는 젊은이. 이들 모두가 대한민국을 지키고 밝히는 등대이다. 나는 누구의 등대로 살아가고 있는지 장시간 숙고해보고 싶다.

　오륙도 등대는 밤마다 불빛을 비추며 무슨 생각을 하고 있을까. 부산항을 드나드는 선박들이 목표 지점과 뱃길, 위험한 곳을 인식하여 안전하게 항해를 하도록 해주는 것은 등대의 당연한 의무사항이다. 예술가들이 등대를 소재로 한 작품을 많이 생산했으면 좋겠다는 소원은 이미 이루었다. 어쩌면 부산항이 많은 승객과 화물을 집결시키고 바큇살 모양으로 분산시키는 세계 최고의 허브(Hub)항으로 발전하는 모습을 보는 것이 오륙도 등대의 꿈일 것이다.

오륙도 등대의 꿈은 허황한 것일지도 모른다. 그렇지만 그 꿈은 오륙도란 이름을 전 세계에 알리기 위해서도, 지금까지 지켜온 태평성대를 몇천 년 더 누리고 싶어서도 아니다. 부산항이 세계 최고의 허브항이 된다면, 수많은 일자리가 만들어진다. 덩달아 오륙도를 사랑해 준 많은 부산 시민들이 더 행복하게 살게 될 것이다. 그것이 오륙도 등대가 품고 있는 간절한 바람이라고 생각해 본다.

컨테이너를 가득 실은 화물선들이 바쁘게 부산항을 오가고, 갈매기들은 오륙도 상공을 빙빙 돌며 힘차게 날갯짓을 하고 있다. 햇빛에 반짝이는 하얀 물거품이 하늘을 향해 날아오른다. 승두말로 돌아오는 유람선에서 오륙도 등대와 눈을 맞추어 본다.

수첩 속의 눈망울

　책들이 탈출을 시도하고 있다. 자신들의 공간을 넘어 나의 영역으로 스멀스멀 기어 나온다. 새로 입주하는 책들이 많아지면서 그 속도가 점점 빨라진다. 뭐든지 버리지 못하는 습관이 주된 요인일 것이다. 과감하게 한 상자 정도는 버려야겠다. 맨 아래 칸, 앨범과 함께 뽀얀 먼지를 뒤집어쓴 채 일렬로 서있는 열다섯 권 정도의 수첩이 보인다. 생명이 1년에 불과한 교무수첩이 다닥다닥 붙어 있다.

　교사들의 본분은 학생들을 잘 가르치는 것이다. 교과 지도 못지않게 중요한 것은 맡은 업무를 원활하게 처리하는 일이다. 특히 담임을 맡았을 때의 업무는 그렇지 않을 때보다 두세 배는 더 많다. 첩첩이 쌓이는 업무를 하나하나 해결하기 위해 꼭 필요한 장부가 교무수첩이다. 교무수첩에는 직원모임, 학년모임, 동과목모임 등의 회의 내용과 학생과 학부모의 상담 내용이 날짜별로 자세하게 기록되어 있다.

　한 학년도의 종업식을 마치고 담임과 비담임 교사의 교무수첩 두께를 비교하면 2배 이상 차이가 난다. 담임의 수첩에는 학생들의 증명사진과 명렬표, 공납금납부현황과 분기별 성적표, 시간표 등의 서류가 붙어 있기도 하지만 무엇보다 손때가 많이 묻어서 그럴 것이다. 하루에 수십 번을 펼치고 덮으면서 누렇게 변색된 교무수첩에는 담임의 열정과 혼이 담겨 있다.

　방바닥에 퍼질러 앉았다. 과거의 시간 속에 갇혀있는 교무수첩을 끄집어내어 추억의 밭으로 들어가고 싶었다. 첫 담임을 맡았던 '85학년도 수첩에 제일 먼저 손이 갔다. 여자상업고등학교 2학년 10반, 1968년생 62명이 환하게 웃고 있다. 색 바랜 사진을 손가락으로 닦으며 한 명 한 명의 얼굴을 들여다보았다. 사진 속의 해맑은 눈망울이 초롱초롱 빛나는 듯하다.

　하루의 일과를 시작하고 마치는 조·종례 시간이 선명하게 떠오른다.

　"차렷. 경례. 반갑습니다."

　반장, 수진의 구령에 맞추어 모두 반갑게 인사를 한다.

　"선생님 왜 이제 오셨어요. 많이 보고 싶었어요."

　"그래, 미안하다. 사는 게 바빠서 너희들을 까맣게 잊고 있었구나."

　미리 준비한 초코파이 63개를 교탁 위에 탑처럼 쌓고 성냥을 5개 꽂는다.

"자, 이번 달에 생일이 있는 미애, 춘화, 수민, 미경, 숙희, 5명 앞으로 나오세요."

성냥에 불을 붙이고 손뼉을 치면서 다 같이 〈Happy Birthday To You〉를 즐겁게 부른다. 학생들의 이름과 축하 메시지를 적어 놓은 문고판을 한 권씩 선물한다. 축하를 받은 학생들이 밝은 표정과 함께 순백한 미소를 짓는다. 고개를 숙이며 훌쩍거리는 학생도 있지만, 초코파이를 다 같이 나누어 먹는 이 시간만큼은 모두가 행복하다.

운동장에서 함께 뛰었던 춘계체육대회, 가을 단풍철의 설악산 수학여행, 교장 선생님의 훈화시간에 너무 떠들어 단체 기합을 받았던 말썽꾸러기들, 공납금 납부는 꼴찌였지만 학급성적과 환경미화는 항상 상위권에 들었던 우리 반, 주인 없는 나의 자취방을 어지럽히고 도망갔던 호기심 많은 여고생.

그 모습들을 떠올리며 옆에 있는 사진첩을 열어보았다. 단체 사진과 그룹 사진 10여 장이 나왔다. 내 나이 29세, 학생들 18세. 나는 젊고, 학생들은 풋풋했다. 세월이 속절없이 흐르면서 나는 주름이 자글자글한 늙은이가 되었고, 학생들은 오십이 넘는 중년이 되었다. 그래도 우리는 30년 전의 순수함만 기억하고 있을 것이다.

당시 실업계 고등학교는 인문계로 진학할 성적이 조금 부족하거나 가정형편이 어려워 취업을 해야 하는 학생들로 구성되어 있었다. 학생들의 목표는 전문대학 진학과 좋은 회사에 취업하는 것 중에서 하나였다. 학생들은 내신 성적관리에 신경을 쓰지 않을 수 없었다. 마음씨가 곱고 바르면서 열심히 공부하는 학생들이 대부분이었지만 가끔 가출해서 학교에 오지 않는 농땡이도 한두 명 있었다.

27번이었던 경희는 1년 동안 세 번이나 가출했다. 계속 반복되는 아버지의 술주정과 구타, 어려운 가정형편 때문에 집 자체를 싫어했다. 집을 나와 음식점에서 서빙을 하거나 마산에 있는 '수출자유지역'의 공장에 다녔다. 두 번은 스스로 학교에 돌아왔지만 한 번은 밤늦은 시간에 동료 교사와 함께 마산으로 가서 경희를 데리고 왔었다.

자신의 미래와 더 나은 삶을 위해 고등학교는 졸업해야 한다는 것을 상담하고, 부모님과도 많은 대화를 나누었다. 그 효과는 오래가지 않았다. 자퇴서에 부모의 도장까지 받아두었지만 참고 기다렸다. 출석 일수를 겨우 채우고 3학년에 진급했다. 3학년 담임에게서 가끔 결석한다는 이야기는 들었지만 별 탈 없이 졸업했다.

2년 전, 5월 초. 스승의 날을 며칠 앞두고 낯선 전화를 받았다. "선생님. 저어…, 경희, 김경희입니다." 머리를 굴리면서 한참을 통화하다가 85년 농땡이, 경희라는 것을 알았다. 이틀 후, 광안리 바다가 보이는 횟집에서 만났다. 늘 초라한 몰골을 하고 다녔던 경희가 건강하고 세련된 모습으로 나타났다. 남편은 조그마한 사업체를 운영하고, 1남 1녀의 자녀는 대학을 다닌다고 자랑했다.

"집에 애들은 가출 안 해?"

"아이고, 샘도 참…, 뭐 그런 구석기시대 이야기를 하십니까."

경희는 과거의 어두웠던 기억을 다 잊고 열심히 행복하게 사는 성숙한 여인이었다. 퇴학을 시키지 않고 참고 기다리기를 참 잘했다는 생각과 함께 흐뭇한 기분을 느끼며 집으로 돌아왔다.

그동안 우리 반이었던 800여 명의 학생이 열다섯 권의 교무수첩에서 숨 쉬고 있다. 소식은 없지만 20대 후반에서 중년에 이르는 남녀들이 나름대로 최선을 다하며 살고 있을 것이다. 그들의 영원한 담임으로서 새로운 꿈과 희망을 전하고 싶은 마음이다.

오래된 책들은 버리더라도 교무수첩은 깨끗하게 정리해서 좀 더 넓고 밝은 공간으로 옮겨 주어야겠다.

제4부

연학도에 사는 남자

코

    환갑이 넘은 나이에도 아내에게 꼼짝 못 하는 친구가 있다. 아내가 친정이나 계모임, 백화점에 가면 운전기사나 짐꾼으로 따라가야만 한다. 집안의 각종 쓰레기를 분리해서 버리는 일은 물론이고 공과금 납부도 알아서 처리해야 한다. 심지어 동기 모임에 참석할 때도 집사람의 승낙이 떨어져야만 가능하다. 그는 3년 전까지 집안의 왕이었지만 미모의 여자를 몇 번 만나다가 아내에게 들켜 코가 꿰였다.

    평소 코빼기도 내밀지 않던 그가 동기회에 참석하면 신세타령을 하면서 코가 삐뚤어지게 술을 마신다. 자신의 잘못을 인정하고 가족을 위해 코에서 단내가 나도록 열심히 노력하지만 아내는 콧방귀만 뀐다는 것이다. 친구들은 아내의 콧대를 한 번 꺾어야 한다고 조언은 하지만 자신들도 집에 가면 코가 납작해지는 것은 아닌지 모르겠다. 요즘 친목계 모임을 하면 일찍 귀가하는 친구들이 제법 있다. 코를 세우고 기다리는 아내가 무서워서 그럴 거라고 짐작한다.

국어사전이나 인터넷으로 '코'와 관련된 속담이나 관용어를 찾아보면 100개가 훨씬 넘는다. 코는 어느 신체 부위보다 일상에서 많이 등장하는 단어다. '코가 세다, 코가 높다, 코가 솟다, 코가 땅에 닿다, 코대답하다, 눈코 뜰 사이 없다, 코 묻은 돈, 자빠져도 코가 깨진다, 내 코가 석 자, 코 베어 갈 세상, 엎어지면 코 닿을 데.' 등은 코의 성질이나 의미를 잘 나타낸 표현들이다.

코는 버선의 앞 끝이 오뚝하게 내민 부분, 그물이나 매듭, 미역이나 해삼 등의 진득진득하거나 미끌미끌한 액체, 분위기나 기분을 알기 위해 살펴보는 눈치나 정탐 등의 뜻도 가지고 있다. 숨을 쉴 수 있고 냄새를 맡을 수 있는 코가 중요하기도 하지만 우리 얼굴의 중앙에 있고, 신체 부위 중에서 가장 앞으로 튀어나왔기 때문에 다양한 표현과 뜻이 만들어지지 않았나 생각해 본다.

코는 호흡과 후각 기능 외에 소리를 낼 때도 중요한 역할을 한다. 감기에 걸리면 코가 막혀 코맹맹이 소리가 나오면서 원래의 음색이 나오지 않는다. 소리는 성대와 목, 입과 코가 함께 만들어 내는데 코안의 점막에 이상이 생기면 정상적인 소리를 낼 수가 없다고 한다. 가수와 성우, 강사처럼 소리를 직업으로 하는 사람들은 목은 물론이고 코 건강에도 신경을 많이 써야만 한다.

얼굴에서 코만 잘생겼다고 미남, 미녀라는 소리를 듣지 못한다.

이목구비耳目口鼻가 함께 번듯해야 미모가 빼어나다는 소리를 듣는다. 단체생활에서 혼자만 똑똑하고 잘났다고 해서 전체가 빛날 수 없다. 조금 부족하더라도 함께 어울리며 같은 방향으로 나아갈 때 조직이 발전하고 행복한 직장도 만들어진다.

 코와 코를 계속 끼우면서 연결해야만 한 벌의 뜨개옷을 완성할 수 있다.

욱

    해물짜장면을 먹기 위해 아내와 함께 해운대 송정 방향으로 달렸다. 수영 교차로에 있는 신호등의 녹색불이 점멸되고 있었다. 브레이크를 밟았다. 뒤따르던 택시가 빵빵거린다. 창문을 내린 기사는 손가락질하며 시부렁거렸다. 황색 신호에 주행해도 된다는 그의 언행에 아무런 반응도 하지 않았다. 내가 잘못한 것도 없는데 괜스레 미안한 마음이 들었다.
    해물짜장면의 냄새를 맡으면서 식당에 들어섰다. 잔칫집처럼 많은 사람으로 북적거렸다. 시장기는 몰려오는데 음식이 빨리 나오지 않는다. 우리보다 늦게 온 손님의 테이블에 내가 주문한 것과 똑같은 음식이 먼저 나왔다. 열을 받아 자리를 박차고 일어섰다. 계산대와 종업원을 향해 삿대질하면서 고함을 질렀다. "야! 이거 뭐야. 순서도 없고…, 무슨 도떼기시장도 아니고." 식당 분위기는 상갓집처럼 침묵이 흘렀다. 성질을 부리고 나니 음식 맛은 평소보다 덜했다.

해물짜장면을 먹고 달맞이 고갯길을 따라 집으로 향했다. 앞차가 왕복 2차선 도로의 중앙선을 넘나들며 천천히 가고 있었다. 대낮부터 웬 음주운전인가라는 생각을 했다. 잠시 후, 운전석의 창문이 내려지면서 애완견이 머리를 내밀었다. 분노와 함께 욕이 튀어나왔다. "저런, 미친…, 죽으려고 환장을 했나." 나의 격한 어조에 아내의 얼굴빛이 붉어졌다.

나는 욱하는 성깔머리를 가끔 드러낸다. 시간에 쫓기면 마음이 조급해지고, 일이 잘 풀리지 않으면 짜증이 난다. 무시당한다는 생각이 들면 기분이 나빠지고, 다른 사람에게 간섭받는 것을 싫어한다. 늘 어딘가로 떠나고 싶어 안절부절못하는 심정이다. 그렇게 긴박한 상황이 아닌데도 감정조절을 못하는 경우도 있다. 숨 쉴 틈도 없이 말과 행동을 먼저 한다. 어쩌면 전형적인 분노조절장애자인지도 모르겠다.

우리나라 성인의 절반이 분노조절장애라는 기사를 읽은 적이 있다. '나는 절대 피해를 당하면 안 된다.'는 사고방식이 가장 큰 원인이라고 한다. 기다림과 서로를 존중하는 마음이 없으면 자신도 모르게 욱이 터져 나온다. 보살이 아니고서야 화를 참으며 살 수는 없다. 그래도 다른 사람에 대한 배려와 이해, 소통을 충분히 한다면 욱을 억누를 수 있을 것이다.

욱하는 심정은 용광로에서 뒤끓는 쇳물을 손에 쥐고 다른 사람에게 던지려는 행동과 같다. 분노를 제대로 풀지도 못하고 오히려 쇳물에 의해 화상을 당하는 또 다른 상처만 남게 될 것이다.

'빨리빨리'는 한국인의 특성을 잘 나타내는 표현 중에 하나다. 이 문화가 우리나라의 고도성장을 이끌어왔다는 것은 누구도 부인할 수 없다. 이제는 경제성장보다 인간다운 삶을 더 중시하는 시대가 되었다. 낮은 임금으로 사람을 짐승처럼 부려먹고 재촉하던 시대는 지나갔다.

'빨리빨리'라는 말은 지시를 넘어서 상대를 채근하는 것이다. 시간의 사슬로 사람을 옭아매는 말이다. 상대는 마음이 다급해지면서 스트레스를 받는다. 그 스트레스를 또 다른 삼자에게 욱으로 푼다. 욱은 전염병처럼 빠르게 전파된다. 한 사람의 조급함이 사회 전체를 분노하게 만들지도 모르는 일이다.

오늘도 나는 누군가에게 '욱의 씨앗'을 뿌리지 않았는가를 생각해 본다.

턱

건널목의 녹색불이 깜박거린다. 찬거리가 들어 있는 까만 봉지를 양손에 들고 뛰었다. 중간쯤 건너자 신호가 빨간불로 바뀌었다. 더 빨리 달렸다. '으악!' 뭔가에 걸리면서 도로에 찰싹 달라붙었다. 비닐봉지에서 튀어나온 감자는 사방으로 흩어졌고, 신호 대기 중이던 차들은 빵빵거린다. 마침 인도에 있던 아주머니들의 도움으로 사태는 빠르게 수습되었다. 지나가던 행인들은 손으로 입을 가린 채 웃고 있었다. 무릎과 팔꿈치의 아픔은 뒷전이고 창피해서 땅속으로 숨고 싶었다.

애들은 장난을 치거나 한눈을 팔다가 자주 넘어진다. 어른들은 급하게 뛰어가거나 스마트폰을 조작하면서 보행을 하다가 넘어지는 경우를 가끔 볼 수 있다. 도로의 한 부분이 갑자기 조금 높게 되어 있는 '턱'에 걸리면서 생기는 일이다. 넘어진 사람도 보는 사람도 황당하다. 아픈 표정을 짓는 사람에게 웃을 수도 없고 뭐라고 말하기도 그렇다. 더구나 젊은 아가씨가 넘어지면 달려가서 부축해주고 싶은 마음이야 꿀떡 같지만 애써 외면한 채 가던 길을 서둘러 가야만 한다.

아프리카의 세렝게티 국립공원에 영양의 일종인 '누(gnu)'가 살고 있다. '누'가 먹이를 찾아 떼를 지어 이동하는 모습을 TV에서 본 적이 있다. 초원에 건기가 찾아와 대지가 메마르면 수십만 마리의 '누'들은 살기 위해 케냐의 '마라 강'을 건너야 한다. 강에는 악어가 끔찍한 턱을 쩍 벌리고 그들을 노리고 있다. 강은 '누'들이 목숨을 걸고 넘어야 하는 생사의 문턱이다. 그 턱을 무사히 건너야만 거대한 풀밭에서 새로운 삶을 누릴 수 있다.

턱은 장애물이다. 어떤 일을 진행하면서 심적이든 물적이든 장애물을 만나지 않을 수 없다. 새로운 사업을 추진할 때 '실패하면 어쩌지'라는 심리적 압박감을 이겨내야 한다. 자동차는 도로를 달리면서 과속방지턱을 안전하게 넘어야 하고, 등산하다가 숨이 턱에 차면 잠시 쉬어 가야 한다. 턱을 한 번도 넘지 않고 편안하게 사는 사람은 없다. 강을 건너고 산을 넘어서, 때로는 소낙비를 잘 피해야만 목표지점에 안착할 수 있게 된다.

턱이 꼭 나쁜 것만은 아니다. 일을 시작하기 전, 한 번 더 생각하고 행동하라는 귀띔을 주는 것이다. 그 암시를 무시하고 욕심을 내거나 서두르면 어떤 사고가 발생할지 아무도 예측할 수 없다. 큰 지진이나 태풍이 오기 전 반드시 작은 변화가 일어난다. 그 변화의 턱을 잘 읽고, 해결 방법을 찾는다면 피해를 최소화할 수 있다.

 수없이 많은 턱이 주변에 널려있다. 그것들의 실체를 인식하고 슬기롭게 대처해 나갈 수 있는 지혜가 필요하다. 한턱을 내는 것으로 장애물을 제거하던 시대는 지나갔다.

100百

 아이가 태어난 날로부터 백 번째 되는 날, 백일잔치를 연다. 의술이 발달하지 못했던 시절에는 유아사망률이 높았다. 백일까지 아무 탈 없이 성장해야만 정상적인 사람으로 인정을 받았고, 주변에서 축하해 주는 것이 우리의 풍습이다.
 젊은 연인들은 만난 지 100일이 되면 이벤트를 한다. 꽃다발이나 반지, 책 등의 의미 있는 선물을 주고받고 특별한 장소에서 기념사진을 찍기도 한다. 왜 하필 100일에만 그런 행사를 할까. 30일도 있고 70일도 있는데….
 수능 시험이 다가오면 수험생의 어머니들은 절에 가서 백일기도를 올린다. 99일이나 101일 기도는 하지 않는다. 하루가 모자라면 떨어지고, 하루를 더 하면 넘치고, 딱 100일 기도를 해야 합격한다고 믿고 있기 때문이다. 합격은 목표의 완성이다.
 숫자 99 다음에 100이 오고, 100 다음에는 101이 온다. 100은 일반 숫자와 똑같은 하나의 숫자에 불과하다. 그런 100百에 사람들은 '완성'이라는 의미를 부여했다. 백일잔치, 백일이벤트, 백일기도에서의 백은 '완성하다'라는 뜻이다.

지인 중에 마라톤 풀코스의 완주, 이름난 산이나 사찰의 탐방, 헌혈이나 봉사 활동을 즐기는 사람이 몇 명 있다. 그들 대부분은 100을 향해 달려간다. 중간에 포기하는 사람도 있지만 대부분 100을 완성하기 위해 부단한 노력을 한다. 100을 채운 사람은 그때까지의 노고에 대한 보상을 받는다. 그 대가가 경제적인 것은 아니지만 자신만이 느낄 수 있는 만족감과 보람이다. 100은 목표를 완성한 자의 행복이다.

100은 완성이지만 끝은 아니다. 잠시 몸을 추스르고 새로운 도전을 향해 달려 나가야 한다. 물은 100도에서 끓는다. 목표는 완성했지만 거기서 멈추지 않는다. 수증기로 변하는 기화氣化 현상을 거치면서 하늘로 올라간다. 비나 눈이 되어 다시 땅을 밟겠다는 목표를 세워 구름을 만들고 바람을 따라 흘러간다. 대학에 입학했다고, 좋은 회사에 취업했다고, 원하는 결혼을 했다고 멈추면 안 된다. 다시 새로운 100을 향해 하루하루 정진해 나가야 한다.

숫자 100의 순수한 우리말은 '온'이다. '온'은 '많다'는 뜻이다. 백년해로, 백년대계, 백가쟁명, 백합百合 등에서의 뜻이 그렇다. 재산이 매우 많은 사람이나 아주 큰 부자를 '백만장자百萬長者'라 한다. 정말 백만 원만 갖고 있어도 부자라는 소리를 들으며 살 수 있으면 좋겠다.

 김, 이, 박, 최, 정, 등 많은 성씨가 모여서 '백성百姓'이 된다. 1970~80년대 백성들은 열심히 일하면서 저축하고 자식들 공부시키는 것을 목표로 정했다. 모두가 같은 방향으로 달려왔다. 그 결과 현재의 대한민국이 만들어졌는지도 모른다.

 지금은 백성들이 반반으로 나누어져 싸우고 있다. 북쪽에서는 핵으로 우리를 위협하고, 주변 강대국들은 경제적 압박을 가해오고 있다. 이런 어려운 문제들을 해결할 수 있는, 백성들을 한 방향으로 끌고 갈 수 있는 진정한 지도자는 어디에서 백일기도를 올리고 있는지 모르겠다.

머리카락

 죽을 때까지 털은 자란다. 머리카락, 수염, 눈썹, 코털, 몸털 등이 그렇다. 그중 신경을 가장 많이 쓰는 것은 머리카락이다. 가장 높은 곳에 자리를 잡아 눈에 잘 띈다는 이유도 있지만 인상人相의 호불호好不好를 판단하는 데 적잖은 비중을 차지하기 때문이다. 기르고, 자르고, 염색을 하면서 다양하게 머리 모양을 꾸민다. 예쁘고 특이하게 만들어 자신의 개성과 존재감을 나타내려 한다.

 머리카락은 여러 분야에서 세간의 관심사로 떠오른다. 불가에서는 머리카락을 '무명초無明草'라 하는데, 이는 세속적 욕망의 상징으로 생각한다는 뜻이다. '신체발부수지부모身體髮膚受之父母'라는 효의 기본 사상과 을미사변 이후 내려진 '단발령'이 대립하면서 사회적 논쟁거리가 되었던 적도 있다. 과학적으로 머리카락은 사람을 식별할 수 있는 유전자 정보를 갖고 있다. 2·30

년간 헤어졌던 혈육이나 범죄자를 찾는 데 결정적인 자료가 된다. 심지어 신체의 영양 상태까지 파악할 수 있다. 머리카락 한 올 한 올이 개개인의 분신이면서 우리의 삶에서 매우 중요한 역할을 한다.

그런데 아버지는 흰머리를 뽑아주면 한 개에 10원씩 준다고 왜 거짓말을 했는지, 여자들은 왜 머리끄덩이를 쥐어뜯으며 싸우는지, 옛날 중고등학교 선생님들은 머리를 왜 기르지 못하게 했는지, 국가에서는 경찰 인력을 낭비하면서 왜 장발을 단속했는지 모르겠다.

젊은 시절에는 머리숱이 너무 많았다. 이발한 지 3주 정도가 지나 바람을 맞으면 양아치 같은 더벅머리가 되었다. 40대 중반이 지나면서 머리가 점점 빠진다는 것을 느꼈다. 머리를 감으면 욕조에 떨어진 머리카락은 검정 실타래를 흩어 놓은 것처럼 보였다. 그래도 넓은 초원에서 양들이 풀을 뜯어 먹는 정도로만 생각했다.

50대 중반이던 어느 날. 이발을 하던 중 주인아저씨의 말을 들었다. "사장님도 이제 뒷머리가 훤하게 보입니다."고 말하면서 "거울로 비춰드릴까요?" 했다. 지금까지 내가 대머리가 될 거라는 상상을 해본 적이 없었기 때문에 "됐습니다."라고 대답했다. 아저씨가 너무 과장해서 말했을 거라고 생각을 하면서도 기분은 내내 언짢았다.

집으로 오자마자 아내의 화장대에 앉았다. 거울을 보면서 스마트폰 카메라에 뒤통수를 찍었다. 아주 조금 빠졌겠지만 40대 후반부터 가발을 쓰는 친구처럼은 아닐 것이라고 위안했다. 미세하게 떨리는 손으로 스마트폰을 두들겼다. '아아!' 사진을 보면서 참담함을 느꼈다. 새카맣게 나와야 할 사진은 달빛을 받은 백사장처럼 훤하게 보였다. 몇 번을 다시 찍으면서 확인했으나 사진의 명암은 바뀌지 않았다.

바로 자리에 누웠다. 아내는 어디 아프냐고 물었지만 조금 피곤하다고 말했다. 그 많던 숱들은 다 어디로 갔을까. 모자를 쓸까. 가발을 할까. 학생 때처럼 머리를 밀어버릴까. 고민을 하던 중 나도 모르게 웃음이 나왔다. 스님처럼 머리를 삭발했던 기억이 어제 일처럼 또렷하게 떠올랐다.

미니스커트와 장발을 단속하던 1970년대 중반. 당시 고등학교에서는 학생들의 머리가 조금이라도 길면 선생님들은 이발기를 들고 다니며 학생들의 머리에 고속도로를 만들었다. 그래서 학생들은 졸업만 하면 머리를 원도 없이 길러야겠다고 마음먹었다. 예비고사를 치른 후, 성인이 된 기분으로 마음껏 피우고 마셨다. 머리도 신나게 길렀다.

통행금지 시간 30분 전. 여느 때처럼 친구들과 당구를 치고 있었다. 갑자기 낯선 아저씨들 서너 명이 들어왔다. 장발 단속을 나온 사복경찰이었다. 친구와 나는 다른 손님 한 명과 함께 끌려나와 닭장차에 태워졌다. 장발족을 가득 채운 차량이 경찰서를 향해 달리는 동안 아무도 말을 하지 않았지만, 풍기문란죄밖에

짓지 않은 사람들이 사형집행장으로 끌려가는 듯한 억울한 표정이 역력했다.

간단한 신원 조회를 끝내고 영화에서만 보았던 유치장에 들어갔다. 다른 죄를 지은 몇 사람이 이미 구석 자리를 차지하고 있었고, 열두 시가 지나자 통행금지 위반자, 술에 취해 싸운 사람들까지 계속 들어왔다. 떨리면서 무섭고, 답답했다.

머리를 숙인 채 쭈그려 앉아 많은 생각을 했다.

'조선시대 생원도 못된 놈이 뭣 때문에 거추장스러운 머리를 기르는가. 전과자가 되는 것은 아닌가. 언제까지 콩밥을 먹어야 하나. 나가기만 나가면 이놈의 머리카락을 싹둑 잘라버려야겠어.'

다음 날 아침. 연락을 받은 매형이 나를 인수하러 왔다. 각서를 쓰고 경찰서를 나왔다. 매형은 경찰서 앞 식당에서 국밥과 함께 두부를 주문했다. 매형은 아무 말 없이 두부를 내 앞으로 밀어주었다. 나는 두부를 먹으면서 창피하고 부끄러운 마음에 고개를 들 수 없었다. 집 근처 이발소로 달려갔다. "아저씨, 빡빡 밀어주세요." 여자의 단발머리 같은 긴 머리카락이 바닥으로 푹푹 떨어졌다. 내 마음속에 감춰 놓은 허영심도 함께 사라지고 있었다.

요즘 달포에 한 번 이발소에 간다. 머리가 길면 쉽게 엉클어져서 관리하기 힘들지만 짧으면 정갈하면서 신뢰감을 주는 것 같다. 여자들이 예쁘게 화장을 하고 외출을 하는 것처럼 남자들은 머리가 단정하면 어디를 가든 누구를 만나든 마음이 편안하다. 그래서 나는 머리가 깔끔하게 정리되지 않으면 집 밖으로 나가지 않는다.

　내가 샤워할 준비를 하면 아내는 잔소리를 부쩍 많이 한다. "탈모방지용 샴푸를 쓰세요. 머리 감을 때 당기지 마세요. 샤워 후에는 야생초 엑기스를 뿌리세요." "그런 걸 한다고 머리카락이 안 빠지고, 다시 자란다면 가발 장사는 굶어 죽겠다." 나는 원래부터 샴푸를 쓰지 않고 비누만 사용한다. 드라이도 하지 않는다. 그게 별난 것도, 이상한 것도 아니다. 그렇다고 머리카락을 관리하기 위한 것은 더더욱 아니다.

　머리카락은 열심히 자라다가 수명을 다하면 떨어진다. 우리 인생도 별반 다를 게 없다. 언젠가는 모자도 가발도 필요 없는 순간이 온다. 그때까지 세월에 순응하면서 나의 모양대로 살고 싶다.

연화도에 사는 남자

　한 남자가 예순일곱 번째 생일을 맞이했다. 아내와 며느리들이 차린 소담한 생일상을 받으며 케이크를 자르고 축하주도 몇 잔 마셨다. 손자들은 재롱을 피우며 노래를 불렀고 자식들은 건강하게 오래오래 살라며 용돈을 두둑이 챙겨주었다. 그는 환한 미소를 지으며 고맙다는 답인사를 했으나 속마음은 털어놓지 않았다.
　두세 시간이 지난 후, 자식들 가족이 모두 떠났다. 아내도 친구를 만나러 간다며 서둘러 나갔다. 그는 여행용 가방에 몇 벌의 옷가지를 챙겨 넣었다. '섬에 간다. 찾지 마라.'고 적은 메모지 위에 자신의 스마트폰을 올려놓고 집을 나왔다. 가방을 끌고 가면서 약간 망설이기도 했으나 오랫동안 마음먹었던 생각을 실천에 옮기기 위해 지하철을 타고 시외버스터미널로 향했다.
　통영으로 향하는 버스에서 창밖을 보다가 회상에 잠겼다. 지금까지의 삶이 도시인들의 생활을 방영한 다큐멘터리처럼 스쳐 지나간다. 그는 30년간 교직과 회사 생활을 했다. 집안의 주방을 책임지면서 수필을 쓰기 시작한 지 10년이란 시간이 지났다. 요리 실력도 어느 정도 갖추었고 수필집도 세 권이나 출간했다. 이제 가족들을 위해 희생과 봉사할 일도 없고, 자신을 위해 투자하고 개발할 정신적 육체적 여력도 없어졌다. 아내와 자식들은 그의 필요성을 전혀 느끼지 못하고 있다. 이제 혼자 살아가야 할 때가 왔다.

지나간 시간을 마음속에 접어놓고 앞으로 닥쳐올 외로운 시간을 극복해 나가야 한다. 그는 "사람들 사이에서 혼자 사는 것보다 사막에서 혼자 사는 것이 훨씬 더 낫다."는 어느 철학자의 말을 믿어왔다. 도시나 가정에서 혼자라는 외로움은 고통이지만 외딴 곳에 혼자 살면 외로움이 아니라 즐거운 고독이 된다. 고독은 사람들의 기피 대상이기도 하지만 새로운 목표를 찾게 해주는 나침반이 될 수도 있다. 그는 지금까지 경험하지 못한 또 다른 행로를 찾기 위해 섬으로 가고 싶어 했다.

〈나는 자연인이다〉라는 TV 프로를 보면서 산으로 가고 싶은 마음도 있었다. 하지만 지금 나이에 심심산골로 들어가 집을 짓고 매일 허드렛일을 한다는 것은 현실적으로 어려운 일이다. 차라리 섬으로 들어가 소일거리도 하고 글을 쓸 수 있으면 더 바랄 게 없을 것이다. 지인이 없는 곳, 뒤에는 자그마한 산이 있고 앞에는 낡은 어선이 몇 척 떠 있는 포구가 있으면 최적의 장소다. 자연을 즐기면서 하고 싶은 일을 할 수 있다면 진정한 자연인이 될 수 있다는 생각에 그는 연화도를 선택했다.

연화도蓮花島는 통영항 여객선터미널에서 유람선을 타고 뱃길 따라 한 시간 남짓 거리에 있는 섬이다. 연화도란 지명은 겹겹이 쌓인 섬 봉우리들의 모습이 연꽃을 닮아 붙여진 이름이다. 그리 크지 않은 섬에는 150여 명의 주민이 옹기종기 모여 산다. '연화사'라는 작은 사찰을 비롯하여 볼거리와 먹거리도 풍부하다. 특히 용이 대양大洋을 향해 헤엄쳐 나가는 형상의 '용머리 바위'는 통영 팔경에 속할 정도로 빼어난 절경을 자랑한다.

그는 이미 연화도 여행을 네댓 번 한 적이 있다. 해발 212M의 높지도 가파르지도 않은 연화봉, 바다 풍경을 바라보며 섬을 일주할 수 있는 탐방로, 연화도와 인근 우도를 연결하는 국내 최장 길이(309m)의 해상보도교, 남해안에서 손꼽히는 갯바위 낚시터와 누군가가 방금 빚어놓은 듯한 올망졸망한 바위섬. 선착장 표지석에 새겨진 '환상의 섬 연화도'라는 문구 이외에 달리 표현할 말이 없다. 무엇보다 연화도 주민들의 넉넉한 인심과 따뜻한 마음이 그의 기억 속에 각인되어 있다.

그는 민박집의 작은 방을 하나 얻어 자취 생활을 하면서 몇 달을 보냈다. 처음 얼마간은 생소하고 어색했으나 모든 문제는 시간이 지나면서 해결되었다. 가끔은 오십 대 주인집 남자의 낚싯배에 따라가고, 마을 사람들의 그물 손질을 돕고, 서툰 솜씨지만 해산물 작업에 불려가 함께 일을 하면서 부담 없이 술잔을 부딪쳤다. 글을 쓰다가도 동네 사람이 찾으면 궂은일 마다하지 않고 뛰어나갔고 주민들은 그에게 먹거리를 챙겨주며 다가왔다. 그는 점점 연화도 사람이 되어 가고 있었다.

직접 요리를 만들어 식사를 해결할 때가 많지만 영양보충을 위해 단골 식당에 가서 다양한 음식을 자주 사 먹었다. 그러던 중, 식당 주인은 자신들의 빈방에 기거하면서 서빙을 도와달라는 제안을 했고, 그는 흔쾌히 승낙했다. 급료는 없지만 먹고 자는 문제가 완전히 해결되었다. 점심시간부터 저녁때까지만 일하기 때문에 한가한 시간이 많았다. 무엇보다 수필을 공부하려는 50대 젊은이들 서너 명과 일주일에 한 번, 영업이 끝난 식당에 모여 토론하고 대화할 수 있다는 게 그에게는 큰 기쁨이었다.

해상보도교가 완공되면서 섬과 섬 사이를 걸어보려는 외지인들이 부쩍 늘어나고 있지만 관광객들이 연화도를 가장 많이 찾는 계절은 여름이다. 6·7월 두 달 동안 꽃을 피우는 수국을 보기 위해 여행객들이 줄을 잇는다. 연화사에서 연화봉 정상까지의 등산로에 녹색·흰색·청색·자색으로 화장한 수국꽃이 가로수처럼 즐비해 있어 이국적인 정취를 느낄 수 있다. 몇몇 사람들은 연화도를 '수국섬'이라 부르기도 한다.

폭염이 기승을 부리는 7월 초, 남자 손님 두 명이 식당에 들어왔다. "어어, 야!" 반갑게 악수와 포옹을 했다. 그들은 오래전부터 가깝게 지내던 문우들이었고, 바람도 쐬고 수국도 볼 겸해서 이곳을 방문했다. 그는 자신의 방으로 그들을 안내했고, 그들은 계획을 바꾸어 1박을 하기로 했다. 문우들과 술잔을 기울이며 문학 이야기를 나누는 게 너무 즐거워 자신의 애창곡, 〈귀거래사〉를 흥겹게 불러 주었다.

'하늘 아래 땅이 있고 그 위에 내가 있으니, 어디인들 이내 몸 둘 곳이야 없으리.' (하략)

문우들이 떠나고 2주가 채 지나지 않았을 때, 그의 아내가 찾아왔다. 아내는 밤을 새우며 그를 설득했고, 그는 끝끝내 돌아가지 않겠다고 황소고집을 부렸다. 아내가 돌아간 후, 한 달에 두 번 정도 택배가 왔다. 그가 좋아하는 파김치와 나물볶음, 가끔은 곰국이나 장엇국이 오기도 했다. 그도 종종 연화도의 싱싱한 해산물을 집으로 보낸다. '조금 힘들어도 외롭지는 않다. 이제, 계속 여기서 살아도 된다.'고 생각하면서 입가에 가느다란 미소를 지었다.

지금부터 5년이란 시간이 지난 후, 연화도에 사는 그 남자가 나였으면 참 좋겠다.

거실로 출근하는 남자

　직장생활을 하면서 밤늦게 귀가하는 경우가 허다하다. 퇴근하면 주당들은 누가 먼저랄 것도 없이 단골 술집에 모인다. 최소한 2차를 마쳐야 각자의 집으로 간다. 잠을 자고 새벽에 눈을 뜨면 '출근을 해야 한다'는 생각이 먼저 든다. 누구의 강요나 가족을 위해 일터로 나서야만 한다는 압박감은 없다. 으레 가야 한다고 생각하고, 즐거운 마음으로 집을 나선다.
　30년 가까운 직장생활을 끝내면서 이제 매일 출근하지 않아도 된다. 평소 좋아하는 여행도 다니고, 친구들을 만나 늦게까지 놀았다. 집에 와서 인터넷 고스톱이나 바둑을 둔 후에 잠을 자고 해가 중천에 걸렸을 때 일어났다. 적당한 구속 없는 자유는 사람을 나태하게 만든다. 게으름이 몸에 배어 있으면 몸무게는 자꾸 늘어나고 정신 상태는 웅덩이에 고인 물처럼 서서히 썩어간다. 인생의 종점까지는 아직 까마득하다. 시간의 굴레 속으로 나를 묶을 수 있는 지속적인 활동의 필요성을 느꼈다.

　일을 하고 싶었다. 출근하고 싶은 마음이 더 간절했다. 뭐든지 일거리만 있으면 열심히 잘할 수 있다는 자신감은 있었지만 아무 일이나 할 수는 없었다. 공직에서 퇴직하고 산하 기관에서 편하게 근무하는 친구도 있지만, 치킨집이나 피자집 같은 가맹점에 투자했다가 큰 낭패를 보았다는 동기들의 이야기도 두어 번 들은 적 있다. 욕심내지 않고 즐겁게 일하면서 시간을 보낼 수 있는 곳을 알아보았다.

　몇 군데 입사원서를 내어 보았으나 아무 연락이 없었다. 현재의 나이와 경력으로 새로운 울타리로 진입한다는 것이 쉬운 일은 아니다. 하기야 취업을 못 해 발버둥을 치고 있는 젊은 청춘들이 얼마나 많은가. 새로운 일자리를 구하겠다는 목표는 포기했다. 대신 나 자신을 위해 요리를 배우고, 평생교육원에서 수필을 공부하기로 마음먹었다. 두 가지 일을 병행하면서 바쁘게 5년이 지나갔다.

　그러던 중 무언가를 발견했다. 언제부턴가 내가 거실로 출근하고 있다는 것이다. 아침에 눈을 뜨면 제일 먼저 거실로 나와 컴퓨터의 전원 버튼을 누른다. 밤 11시가 넘으면 모니터가 꺼진 것을 확인한 후 방으로 들어가 잠을 청한다. 지난 몇 년간의 일과 중 문학과 관련된 활동이 절반 이상을 차지하고, 그 시간의 대부분을 거실의 책상에서 보내고 있다. 직장인들이 회사에서 보내는 시간은 8시간 정도다. 근무하는 장소만 다를 뿐 나도 직장인과 똑같은 마음의 시간을 거실에서 보낸다.

아침을 먹고 도시락을 챙겨 안방이나 거실로 출근하는 작가도 제법 있다. 오후 시간에 퇴근하고 가족들을 만난다. 특히 소설가 '이외수' 선생은 본격적인 작업을 시작하기 전, 출입문에 감방 철문을 설치한다고 한다. 철문의 식구통(감방의 사각구멍)을 통해 식사를 받으며 소설을 쓴다. 오로지 작품 활동에만 전념하기 위함이다. 훌륭한 작가들의 생각이나 행동을 나와 비교하는 것은 아니지만 집에서 집으로 출근하는 작가들이 있다는 사실에 동질감을 느끼는 것만으로도 만족한다.

출근하는 사무실 환경은 괜찮은 편이다. 베란다로 눈을 돌리면 사시사철 다양하고 예쁜 꽃들을 관찰할 수 있고, 창문 너머에서는 까치 소리와 애들의 재잘거리는 소리가 심심찮게 들려온다. 저녁에는 어둠 속으로 사라지는 금련산의 모습을 볼 수 있다. 가끔 삼겹살을 굽거나 구수한 된장찌개를 끓이는 냄새가 바람을 타고 풍겨오면 잊고 있던 시장기를 느끼기도 한다.

아침을 먹고 책상에 앉으면 커피부터 한 잔 마신다. 회사원들이 동료들과 잡담을 나누는 시간에 나는 인터넷으로 뉴스를 보고 메일을 점검한다. 가끔 원고를 청탁하는 메일이 도착해 있으면 눈을 크게 뜨고 확인한다. 내가 해야 할 가장 중요한 업무가 떨어졌기 때문이다. 가끔은 긴장을 하면서 스트레스도 받고, 나 자신의 능력에 대한 한계를 느낄 때도 있다. 그건 직장인 누구나 겪는 힘든 일이다. 시간에 맞춰 원고를 보내고 출판사의 'OK'

통보를 받으면 그날 저녁 소주 맛은 꿀맛이다.

　일반 회사원과 달리 근무 시간은 자유롭다. 출퇴근시간과 점심 시간, 휴식시간이 따로 정해져 있지 않다. 피곤하면 소파에 누워 TV를 보다가 잠깐 눈을 붙이면 되고, 배고프면 주방에 가서 요리를 만들어 먹으면 되고, 몸이 노곤하면 뒷산에 잠시 갔다 오면 된다. 내가 사장이고 종업원이기 때문에 식비나 특근수당은 없다. 그래도 잠자리에 들기 전 꼭 사무실에 앉아 일과를 정리하고 마무리를 해야 한다.

　회사원들이 손꼽아 기다리는 날은 월급날이다. 나도 직장인이기 때문에 소득이 있다. 작년 1년 동안 피땀 흘려 원고를 쓰고 받은 대가는 47만 원이 전부다. 연봉 47만 원, 은퇴자에겐 큰돈이다. 주말에 집에 오는 애들과 아내를 데리고 이름난 식당에 가서 갈비를 먹었다. 계산을 하면서 가장으로서의 뿌듯함과 함께 아버지와 남편으로서의 명예를 다시 찾은 기분이었다. 연말에는 불우이웃돕기 성금도 조금 냈다. 나도 어엿한 사회의 일원이다. 올해의 연봉은 작년의 50% 정도 될 것 같다. 경제가 어려워서 그럴 것이다. 그래도 은근히 걱정이다.

　오후 서너 시가 되면 출장을 나간다. 찬거리를 사기 위해 시장이나 마트를 다녀와야 한다. 일과 휴식도 중요하지만 먹는 것만큼 중요하진 않다. 시장을 가면서 네모 난 차들 사이에 세모 모양의 차는 없는지, 도로변의 나무와 전봇대가 싸우지는 않는지, 난전에서 푸성귀를 파는 할머니는 어제 그 자리에 잘 계신지를 살펴본다. 찬거리 구매보다 사고와 상상의 폭을 넓히는 것이 우선이고, 그것이 진정한 출장의 목적이다. 다양한 생각들은 내가 계속 일할 수 있는 근간根幹을 만들어 준다.

기업에서는 승진과 승급이라는 선물보따리를 이용해 직원들의 태만과 의욕을 적절하게 통제한다. 나는 자유와 구속을 스스로 조절해야 한다. 여행이나 휴가를 가고 싶으면 미련 없이 떠난다. 글을 쓰고 싶을 때는 조용히 사무실에 앉아 손가락이 퉁퉁 부어 아플 때까지 자판을 두들기면 된다. 이제 누구의 간섭이나 통제를 받을 나이도 지났고 그렇게 살고 싶지도 않다. 노사화합 차원에서 직원인 나의 고통과 행복은 관리자인 내가 책임진다.

퇴근하기 전, 불 꺼진 사무실에 앉아 지금 나는 업무에 충실한가를 자문해 본다.

호적 없는 아저씨

　대학시험에 떨어졌다. 넉넉지 않은 형편에 재수학원을 다녔다. 처음 두세 달은 나름 열심히 공부했다. 오월의 탐스러운 꽃들과 연둣빛 신록은 나를 신비스러운 들판으로 끌어냈다. 친구와 술, 오락의 유혹에서 벗어날 수 없었다. 어영부영 한 달을 보내면서 미래에 대한 두려움이 몰려왔다. 다시 시작하면 된다는 각오와 희망 대신, 꼭 대학에 가야만 하느냐는 회의감이 들었다. 현재의 환경에서 벗어나고 싶었다.
　6월 학원비를 받아 가출을 감행했다. 몇 벌의 옷가지만 챙겨서 마산역으로 향했다. 식당 종업원을 하든 막노동을 하든 다시는 집으로 돌아오지 않겠다고 마음을 먹고 전라도 광주로 향하는 비둘기호에 몸을 실었다. 난생처음 혼자 여행을 한다는 설렘과 미지의 세계로 간다는 기대감은 내 가슴을 풍선처럼 부풀게 했다. 앞으로 가족들을 볼 수 없다는 아쉬움은 있었지만 야망을 향해 달리는 젊은 청춘에게 가족 걱정은 사소한 문제에 불과했다. 차창 틈새로 들어오는 바람이 그렇게 시원할 수 없었다.

허름한 여인숙에 숙소를 정했다. 여기저기 구경하고 맛있는 거사 먹으면서 즐겁게 지냈다. 한가하고 행복한 열흘이 쏜살처럼 지나갔다. 호주머니 돈은 바닥나고 있었다. 나를 챙겨주는 사람은 아무도 없고, 나 자신이 생각만큼 중요한 사람이 아니라는 것을 알았다. 어쨌든 일자리를 구해야 했다. 시장과 식당가 주변을 온종일 돌아다녔지만 허사였다. 먹구름이 눈앞으로 다가오고 있었다.

이대로 돌아갈 순 없다. 칼을 뽑았으면 무라도 잘라야 하는데…. 쪽방문을 열고 소주를 마시고 있었다. 옆방에 거주하는 40대 아저씨가 맥주를 들고 왔다. 대전에서 왔다는 아저씨는 보증을 잘못 섰다가 알거지가 되었고, 이혼까지 했다고 한다. 이런저런 이야기 끝에 내일부터 아저씨를 따라 공사장에 나가기로 했다.

잔심부름을 하고 못을 뽑는 잡부로 이틀을 보냈다. 특별한 어려움은 없었다. 사흘째부터는 자재를 나르고 오삽으로 콘크리트를 비벼야 했다. 갈수록 강도가 심해졌다. 벽돌을 담은 질통을 메고 구멍 뚫린 철판 계단을 밟으며 3층까지 올라갔다. 돈내기여서 죽기 살기로 달려들었다. 너무 힘들었다. 세상에 이보다 더한 고통은 없다고 생각했다. 일을 마치면 콩나물국으로 배를 채우고 소주로 고달픔을 달랬다. 3천 원 정도의 일당으로 식비와 방세를 주고 나면 남는 것은 천 몇 백 원 정도였다.

나는 너무 피곤해서 일찍 숙소로 왔지만 아저씨는 매일 단골 술집으로 향했다. 간단하게 씻고 자리에 눕는 순간, 노크 소리가 들려왔다. 구석 후미진 방에서 기거하고 있는 30대의 젊은 아저씨였다. 자의 반 타의 반으로 아저씨 방에 따라갔다. 짜장면, 탕수육, 만두와 함께 졸업식 날 친구들과 중국집에서 신나게 마셨던 고량주가 신문지 위에 놓여 있었다. 눈이 휘둥그레졌다. 아저씨는 어린 나에게 먼저 술을 따라주며 마시게 한 후, 소스를 듬뿍 찍은 돼지고기 튀김 하나를 입에 넣어주었다. 내가 여인숙에 오는 날부터 관심을 갖고 지켜보았다면서 나를 편하게 만들어 주었다.

아저씨가 먼저 자신을 소개했다. 그릇 공장에서 일한다는 아저씨는 호적이 없다고 했다. 깜짝 놀랐다. 주민등록이 없는 사람이 있다는 이야기는 들었지만, 호적이 없다는 사람은 듣지도 보지도 못했다. 자신이 태어나자마자 부모가 이혼했고, 출생신고를 하지 않은 채 할머니 집에 맡겨졌다. 키울 능력이 없는 할머니는 아이를 먼 친척 집에 떠넘겼고, 5살 때쯤에 보육원에 보내졌다. 8살 때, 보육원 원장으로부터 자신의 출생 비밀과 학교에 갈 수 없다는 이야기를 들었다.

길거리를 방황하면서 거지 패거리들과 어울리게 되었고, 열 살이 넘으면서 식당, 가게, 공장을 옮겨 다니며 하루살이처럼 살았다. 열다섯 살쯤에는 야학에서 글을 배웠다. 나름대로 기술도 익히면서 열심히 살았지만 아파도 병원에 가지 못했고, 좋은 여자를 만나고도 결혼을 할 수 없었다. 월세나 전세방도 계약하기 어려워 그냥 여인숙에서 몇 년째 머물러 있다고 한다. 아저씨는 술을 몇 잔 마시면서 "나에게 호적만 생기면 어떤 일도 할 수 있고, 누구 못지않게 행복하게 살고 싶다."면서 눈시울을 적셨다.

나는 멍멍한 상태에서 부끄러움을 느꼈다. '부모 형제도 있고, 해야 할 공부도 있는데…, 내가 지금 왜 여기에 있을까?' 가출한 이유를 말하면서도 창피하고 민망스러웠다. 아저씨는 내 손을 잡으며 내일 당장 호적이 있는 마산으로 돌아가 열심히 공부하라고 단호하게 말했다. 사람은 누구나 실수를 할 수 있는데, 그 실수를 얼마나 빨리 깨닫고 올바른 길을 갈 수 있느냐가 더 중요하다는 말도 덧붙였다.

아저씨와 마지막 건배를 한 후, 방으로 돌아왔다. 잠시 귀신에 홀린 듯한 기분이 들었다. 잠을 청하면서 내일 집으로 돌아가 다시 학원에 다녀야겠다고 마음먹었다. 공사장에서 일하는 것보다 책상에 앉아 공부하는 게 훨씬 쉽다는 생각이 뼛속 깊이 스며들었다. 가족들에게 들을 꾸지람은 시간이 지나면 해결될 것이다.

다음 날 새벽. 다섯 시가 조금 넘어 아저씨가 나를 깨웠다. 내가 머리를 감고 말리는 동안 아저씨는 내 가방에 옷가지를 챙겨 넣었다. 5분 정도를 걸어 광주역에 도착했다. 마산으로 향하는 비둘기호의 출발시간은 넉넉히 남아있었다. 인근 식당으로 들어가 간단하게 아침을 먹었다. 김이 모락모락 올라오는 시래깃국 속에 가족들이 나를 부르는 모습이 보였다. 눈물을 뚝뚝 흘리며 몇 숟가락 떠먹었다. 감사의 인사를 몇 번 드리면서 기차를 탔다. 아저씨는 웃으면서 손을 흔들어 주었다.

　새 출발을 하자는 다짐을 하면서 스르륵 잠이 들었다. 검표원이 깨웠다. 진주를 지나고 있었다. 다시 잠을 청하려다 가방 속에 숨겨 둔 비상금이 갑자기 생각났다. 혹시나 하는 마음에 가방의 지퍼를 급하게 열었다. 가방 한쪽 귀퉁이에 두 번 접힌 흰 봉투가 눈에 들어왔다. 봉투를 동그랗게 열었다. 만 원짜리 석 장이 들어 있었다. '아! 아니, 아저씨가….' 봉투 뚜껑 안쪽에는 깨알 같은 글씨가 삐뚤빼뚤 적혀 있었다.

　'7월 학원비에 보태라. 나는 네가 너무 부럽다.'

폐지 줍는 노인

 동장군이 종횡무진 활약 중이다. 부산에도 영하의 날씨가 사나흘 이어지고 있다. 밖으로 나가 봐야겠다고 생각하면서도 자꾸 미적거리기만 한다. 거울에 보이는 내 얼굴은 역사드라마에서 보았던 산적의 모습 그대로다. 추위가 무서워 방구석에서 시간을 허비한다는 사실이 나를 서글프게 만든다. 리모컨을 던지고 무작정 나가야겠다. 운동은 못하더라도 시장통 칼국수집에 가서 점심이라도 사 먹고 와야겠다.

 생각보다 더 춥다. 금련산에서 내려오는 바람살이 귀때기를 도려낼 듯이 맵다. 버스 정류소에서 몸을 움츠린 채 제자리 뛰기를 몇 번 해 본다. 수영구를 순환하는 '2번 마을버스'를 탔다. 손님들 대부분은 팔짱을 낀 채 눈을 감고 있거나 스마트폰에 열중이다. 누가 타고 내리는지 관심도 없다. 마을버스는 복잡한 일반 도로와 골목길을 미꾸라지처럼 빠져나와 잘도 달린다. 음성 안내 장치는 정류소의 명칭을 아무 감정 없이 정확하게 뱉어낸다. 사람들로 붐비는 시장 입구에서 내렸다.

추울 때는 따뜻한 음식이 최고다. 어묵과 떡볶이를 파는 가게에서 자욱하게 피어오르는 수증기는 손님들의 입김과 함께 연기처럼 사라진다. 가마솥이 펄펄 끓고 있는 국밥집에도 손님이 북적거린다. 난전에서 생선을 파는 아저씨는 드럼통을 잘라 만든 화로에 모닥불을 피워 놓고 추위를 녹이고 있다. 사람들이 자기 나름의 방식으로 추위를 이기고 있다. 나만 집에서 허송세월하였다는 아쉬운 생각이 든다.

시장은 산과 들판, 바다의 산물들이 모이는 곳이다. 다양한 종류의 생산품을 취급하는 상인들이 분주하게 움직인다. 오후 손님들을 맞이하기 위해 자신들의 물건을 다듬고, 손질하고, 정리하고 있다. 빨리빨리 좋은 곳으로 팔려가 본연의 임무를 다할 수 있기를 바라는 마음일 것이다. 볼거리도 많고, 사고 싶은 것도 많지만 허기진 배를 채우는 일이 급선무다. 칼국수집에 들어가 얼큰한 해물칼국수를 주문했다.

혼자라서 벽에 붙어있는 긴 테이블에 앉았다. 구석에는 순대를 파는 60대 중반의 아주머니와 폐지를 줍는 70대 노인이 함께 칼국수를 들고 계신다. 그들은 나를 모르지만 평소 시장에 자주 다니는 나는 두 분이 무슨 일을 하는지만 알고 있다. 뜨거운 칼국수를 먹으면서 두 사람의 대화는 들을 수 없었다. '부부는 아닐 거고, 친구 사인가?' 몇 가지 추측만 해보았다. 식사를 마친

두 사람이 나가면서 폐지를 줍는 노인이 계산하고 순대 아주머니는 맛있게 잘 먹었다고 인사를 한다. 나는 국물을 마시면서 눈이 휘둥그레졌다. '아니! 왜, 폐지 줍는 아저씨가…'

테이블을 정리하던 주인아주머니가 궁금증을 풀어 주었다.

홀로 사는 두 사람이 부부는 아니지만 가끔 식사나 술자리를 같이한다. 순대를 파는 아주머니는 장사한 지 10년이 넘었고, 노인은 7~8년 전쯤에 시골 논밭을 정리하고 도시에 사는 큰아들 집, 아파트로 이사를 왔다. 아들 부부는 맞벌이를 하고 손자 손녀는 중고등학교를 다니고 있다. 아파트에서도 늘 혼자였고, 외출을 해도 아는 친구 하나 없었다. 시장에서 이것저것 사 먹고 사람들을 만나면서 자신이 해야 할 일을 찾았다. 폐지를 줍는 일이었다.

아들 부부의 극성스러운 반대가 있었지만, 노인은 아무 일도 하지 않으면 죽을 것만 같다고 고집을 피웠다. 아파트 가까이에 있는 원룸을 전세 얻어 독립하는 것으로 합의가 이루어졌다. 아들에게 적당한 용돈을 매달 받지만 노인에게 더 중요한 것은 일하면서 사람들과 어울리는 것이었다. 노인은 손수레를 한 대 구매했다. 폐지와 빈 병을 수집해서 팔았다. 한 푼 두 푼 모은 수입금으로 그동안 알게 된 친구들에게 맛있는 것도 사주고, 자신보다 어렵게 사는 사람을 위해 매년 약간의 쌀과 현금을 행정복지센터에 맡기고 있다고 한다.

시장 주변에 있는 '수영사적공원'을 둘러보고 집으로 오는 내내 폐지 줍는 노인을 생각했다. 누구에게 의지하지 않고 혼자 산다는 부러움과 열심히 사는 모습에 존경심까지 들었다. 자식에게 적당한 용돈을 받으면서도 어렵고 힘든 일을 자청해서 하고 있다. 하루에 모은 폐지와 빈 병을 팔아야 고작 6~7천 원 정도 벌 수 있지만, 돈이 목적이 아닐 것이다. 일을 하면서 친구도 만나고, 자신보다 어렵게 사는 이웃을 위해 종일 손수레를 끌고 다닌다. 자신이 힘들게 번 돈을 나눈다는 것은 참으로 어려운 일이다. 고달픈 삶을 경험했거나 특별한 희생과 봉사 정신이 없으면 불가능하다.

꼭 돈이 많아야 기부를 할 수 있는 것은 아니다. 한 달에 40만 원의 정부 보조금을 받는 3급 지체장애인은 자신보다 더 어려운 사람을 위해 매달 3만 원의 성금을 내고, '김밥할머니'는 평생 모은 돈을 불우한 학생들을 위해 기부했다는 뉴스가 아니더라도 연말이면 '얼굴 없는 기부 천사'들의 소식이 많이 들려온다. 돈이 아니더라도 재능기부나 봉사활동을 통해서 자신보다 어려운 이웃을 돕는 사람도 늘어나고 있다. 그들은 한결같이 도움을 주는 자신이 더 기쁘고 행복하다고 말한다. 오늘 만난 폐지 줍는 노인도 열심히 일하면서 어려운 이웃을 생각하는 따뜻한 마음의 소유자다.

나는 스스로 기부를 해본 적이 없다. 학교에 다니면서, 직장 생활을 하면서 약간의 강제성이 있는 불우이웃돕기 성금을 낸 것이 전부였지만 '사랑의 열매'는 자랑스럽게 달고 다녔다. 어렵고 힘들게 사는 사람을 보면 돕고 싶은 마음은 있으나 선뜻 나서기가 어려웠다. 여유는 없지만 술 한 잔 덜 마시고, 담배 한 대 덜 피우면 한 달에 몇 만 원 정도는 쉽게 기부할 수 있다. 가까운 목적지를 가면서 승용차를 이용하지 않고 운동 삼아 걷는다면 연탄 몇 장이라도 낼 수 있다. 좀 더 지혜롭게 살면서 주변을 둘러보고, 무엇을 도울 수 있는지 생각하고 실천할 수 있도록 노력해야겠다.

좋은 집을 가진 사람이나 셋방에 사는 사람이나 세상을 떠날 때는 빈손으로 간다.

제5부

석류나무집 아이

감시자의 눈

'딩동. 문자가 왔습니다.'

마산으로 가던 중이었다. 휴게소에 들러 내용을 확인했다. "승용차 요일제 1회 위반입니다."라는 경고 메시지였다.

6개월 전, 승용차 요일제에 참여했다. 구청에 신청서를 내고, '화요일. 승용차 요일제 실천 차량'이라는 스티커를 자동차 앞 유리에 부착했다. 당시에는 특별하게 운전할 일이 많이 없었다. 그것보다 자동차세, 공영주차 요금, 자동차보험료 등의 할인 혜택이 마음을 끌어당겼다. 서너 달이 지나면서 이상하게 화요일에 볼일이 많이 생겼다. 진영 터널을 통과하기 직전에 교통정보 수집 카메라가 내 차를 찍었다. 1분이 지나지 않아 요일제를 위반했다는 통보가 날아온 것이다.

그 후로 두어 달 동안 두 번을 더 위반했다. '승용차 요일제 3회 위반으로 요일제 등록을 취소합니다.'라는 최후통첩을 받았다.

그동안 할인받았던 자동차세와 보험료를 모두 물어넣어야 했다.

검은색 반투명 유리 반구에 감춰져 있는 CCTV는 우리의 많은 일상생활을 찍고 있다. 운전하고 어디를 가든, 길을 걸어가든, 현금인출기에서 돈을 뽑든, 쓰레기 분리수거를 하든, 우리의 의지와 상관없이 일거수일투족을 모두 찍는다. 시내버스와 지하철을 타면서 후불제 교통카드를 사용하면 정산을 위해 사용자의 이용 명세가 고스란히 카드회사 서버에 남는다. 언제 어디서 버스를 탔는지, 어디서 지하철로 환승했는지, 어디서 내렸는지에 관한 정보가 수년간 기록으로 보관된다.

모든 사람에게 '개인정보 자기결정권'이라는 권리가 있다. 사생활의 비밀 보호와 행복추구를 위해 반드시 보장되어야 한다. 하지만 사람들은 '나만 떳떳하면 문제 될 것이 없다.'는 이유로 그런 권리가 있는지조차 모르고 있다. 안전과 편리성이라는 명분 앞에 아무도 문제를 제기하지 않는다.

흔히 인터넷을 '익명의 공간'이라고 말한다. 그것은 인터넷 체계를 잘 모르는 사람들의 이야기에 불과하다. PC방이나 어디 구석에 숨어서 연예인에게 악성 댓글을 달거나 특정인을 비방하여 고소를 당하는 사람들이 그런 부류에 속한다. 언제 어디서든 인터넷을 하면 컴퓨터는 우리의 로그 기록과 접속지 IP주소(인터넷 주소)를 다 남긴다. 불법 다운로드, 음란물 유포는 물론이고, 무엇을 검색했는지, 어느 사이트에 접속했는지, 게시판에 무슨 글을 썼는지 등이 기록으로 다 남아있다. 모든 인터넷 서버는 그것들을 자동으로 저장한다. 그것이 인터넷의 장점인지 단점인지는 각자가 판단해야 할 일이다.

연예인과 스포츠 스타, 특정 개인의 신상 관련 자료를 파헤치는 일도 너무 쉬워졌다, 이른바 '신상털기'라는 것이다. 이름과 사진으로 ID와 필요한 개인의 기본정보를 찾아낸다. 다시 이를 활용해 네트워크에 남겨진 특정인의 모든 흔적을 수집하면 끝이다. 인적사항, 학창시절 사진, 성형에 따른 외모의 변화, 관심사, 취미, 학벌, 가정환경, 심지어 인격까지도 유추할 수 있는 자료들이 속속들이 밝혀진다. 그래서 중국에서는 신상털기를 '인육수색人肉搜索'이라 부른다.

사실 우리가 '나를…, 설마…'하면서 무관심하게 대응해서 그렇지 현실은 그 이상이다. 필요하면 온갖 카드, 스마트폰, PC, 하이패스 단말기와 여기저기에 설치된 CCTV 등을 잘 조합해 개인의 하루 행적을 손바닥 들여다보듯 재구성할 수 있다. 실제 검경檢警이 범죄 수사에서 기본적으로 활용하는 방식이라고 한다. 국민 개개인은 인권을 무시하는 '사이버 테러'의 위험에 노출되어 있다.

영국의 공리주의 철학자 '벤담'은 '원형 감옥(Panopticon)'이란 개념을 1791년에 발표했다. 감옥을 원형으로 만들면 최소한의 비용으로 최대의 감시 효과를 낼 수 있다는 이론이다. 원형 감옥의 중앙 감시탑에 한 사람만 있거나, 감시탑의 불을 끄고 사람이 없어도 모든 죄수를 원만하게 감시할 수 있다는 주장이다.

'원형 감옥' 이론을 사회 전반으로 확장한다면 전체주의 이론과 같은 '감시국가'를 만들 수 있다. CCTV, 인터넷, 스마트폰, 블랙박스, 위치추적장치 등의 최첨단 감시장치가 가정마다 거리마다 설치되어 있다면 모든 국민의 사생활은 권력자들의 손아귀를 벗어날 수 없다. 소설가 '조지 오웰'은 이미 그러한 사회를 예견하고 『1984』라는 저서를 1949년에 발표했다. 감시는 전체주의 국가에만 한정된 문제가 아니라 개인의 행복을 추구해야 하는 민주주의 국가에서도 현실로 다가오고 있다.

　아이들은 스마트폰 게임을 좋아한다. 손가락에 힘을 주고 눈을 부라리며 총을 마구 쏘아댄다. 더욱더 강한 무기를 획득하고 게임의 등급을 올리기 위해서다. 부모들은 그것을 내버려 두지 않는다. 게임 사용과 시간을 통제하는 앱을 아이들과 자신들의 스마트폰에 깔아 놓고 철저하게 통제한다. 어른들은 아이들을 감시한다.

　'노동자 감시 근절을 위한 연대모임'이라는 단체가 있다. 이 모임에 따르면 우리나라 전체 사업장의 90%가 한 가지 이상의 방법으로 노동자를 감시하고 있다고 한다. 감시카메라를 이용한 직원들의 행동 파악, 이메일과 컴퓨터 파일 조사, 전화 도청과 같은 방법으로 감시의 형태가 다양해지고 있다. 회사는 '감시카메라'라는 갑질 도구를 이용하여 '빅브라더'가 되었고, 노동자는 24시간 감시에 숨이 막힐 지경에 처해있는 게 현실이다.

　어디를 가든 감시카메라가 달려있고, 개인은 컴퓨터와 스마트폰을 사용하면서 자신의 흔적을 남기고 있다. 우리 스스로가 원형 감옥 같은 감시체계에 빠져들고 있다. 숨을 곳이 없다. 꼭 숨고 싶다면 TV, 컴퓨터, 스마트기기 등을 다 버려야 한다.

　무인도에서 원시인처럼 살든지, 깊은 골짝에서 자연인처럼 살든지…. 감시를 받고 살 것인지, 자유롭게 살 것인지의 선택은 우리 자신이 결정해야 할 것이다.

　감시자의 눈은 밤낮없이 360도 회전하며 우리를 보고 있다.

석류나무집 아이

1960~70년대 학교에 다닌 중년들은 비닐우산에 관한 추억을 하나쯤은 갖고 있다. 작은 비닐우산 속에 두세 명의 친구와 함께 우산을 쓰고 하교한 경우, 우산이 바람에 뒤집혀 당황한 경우, 우산이 부서지고 찢어져 온몸이 흠뻑 젖었던 경험이 많다. 심지어 대나무로 만든 우산대만 보면 종아리를 맞던 기억이 난다는 사람도 있다. 나는 비닐우산만 보면 초등학교 5학년 때의 아련하고 그리운 기억이 떠오른다.

하굣길에 가을비가 제법 내리고 있었다. 교실에서 비가 멈추기를 기다리며 친구들과 놀았다. 비는 계속 내렸고, 친구들은 하나둘 교실을 떠났다. 나는 가방을 머리에 이고 이 집 저 집의 처마 밑을 징검다리처럼 건너면서 어른의 손을 꼭 잡고 우산을 쓰고 가는 아이들을 부러워했다.

'우리 어머니는 개울가 다리 위에서 가빠를 치고 삶은 고구마와

연근을 판다고 바빠서 비를 맞으며 하교하고 있는 막내아들이 생각나지도 않을 거야. 우리 집은 가난한데 아버지와 형, 누나는 모두 왜 그렇게 바쁜지. 나를 위하는 마음이 눈곱만큼도 없을 거야.'라는 생각을 하면서 섭섭함이 몰려왔다.

"얘!"

눈을 감고 가정 형편을 불평하고 있는 나를 누군가 불렀다. 하늘색 비닐우산을 쓰고 있는 석류나무집 아이, '선미'가 처마 끝에서 떨어지는 낙숫물을 튕기며 나를 바라보고 있었고, 우리 어머니보다 훨씬 젊어 보이는 선미의 어머니가 예쁜 꽃이 새겨진 고급스러운 우산을 들고 선미의 뒤편에 서 있었다.

"같이 쓰고, 가자."

선미는 손짓을 하며 자신의 영역으로 나를 초대했고, 아주머니는 환한 미소를 지으며 고개를 끄덕거렸다. 나는 가방을 겨드랑이에 끼고 선미의 왼쪽 공간으로 들어갔다. 고맙다는 생각보다는 무어라 말할 수 없는 야릇한 기분을 느꼈다. 무슨 말을 먼저 하고 싶었으나 입안에서만 맴돌았다. 작은 우산에서 떨어지는 빗방울이 나의 왼쪽 어깨를 적시며 흘러내렸다. 선미의 오른쪽 어깨도 그럴 거로 생각하며 미안한 마음이 들었다.

"이럴 때는 남자가 우산을 들어 주는 거야."

양 떼를 모는 목동처럼 조용히 우리 뒤를 따라오던 선미의 어머니가 말씀하셨다.

"아, 예."

나는 뒤를 힐끔 쳐다보면서 대답을 하고, 대나무 우산대를 덥석 잡았다. 선미의 차가운 손이 만져졌다. 선미는 손을 얼른 빼서 허리 뒤로 감추었다. 아주머니의 짧은 웃음소리가 들려왔지만 우리는 앞만 보고 계속 걸었다. 우산대를 잡은 손은 점점 오른쪽으로 이동했고 나의 한쪽 어깨에는 빗방울이 차갑게 스며들기 시작했다. 예쁜 선미가 비를 한 방울도 안 맞았으면 좋겠다고 생각했다.

맛있는 냄새를 풍기며 행인을 유혹하는 오뎅집 앞을 지나가고 있었다.

"얘, 너희들 뜨뜻한 오뎅 하나씩 먹고 가렴."

"예. 우와~."

선미는 기다렸다는 듯이 기뻐하며 가게 안으로 들어갔지만 나는 입맛을 다시며 그 자리에 서 있었다. 돈도 없었지만 가게로 들어가 어떻게 행동해야 할지를 몰랐다. 선미 어머니는 내가 들고 있는 비닐우산을 낚아채며 나를 안으로 밀어 넣었다.

그동안 하교하면서 커다란 솥에서 퍼져 나오는 구수한 냄새와 시야를 가리는 뽀얀 김 때문에 적잖은 고통을 겪어왔다. 가게에 앉아서 오뎅을 먹고 있는 학생들이 마냥 부러웠다. 오늘은 선미 어머니 덕분에 나도 오뎅을 먹을 수 있다는 생각에 기분이 좋아졌다. 잠시 후, 오뎅과 가래떡이 두 개씩 담긴 노란 냄비가 우리의 테이블 위에 놓였다. 나는 처음 대하는 음식이라 먼저 먹을 수 없었다. 선미가 오뎅을 간장에 찍어 먹으면 나는 따라 했고,

국물을 마시면 나도 마셨다.

  얼굴만 알고 지내던 선미와 나는 비닐우산을 30분 넘게 함께 쓴 것을 계기로 친구가 되었다. 누추한 우리 집에 선미를 초대할 수 없었지만 나는 선미 집에 자주 놀러 갔다. 같이 공부와 게임도 하고 사진을 찍기도 하면서 맛있는 양과자와 과일을 많이 얻어 먹었다. 학교에서도 가깝게 지내면서 친구들의 '얼레리 꼴레리'라는 놀림도 많이 받았지만 그렇게 싫지 않았다.

  6학년 봄. 선미네 집에 큰 변화가 일어났다. 대기업에 다니던 선미의 아버지가 서울 출장 중에 교통사고로 세상을 떠났다. 그 후 선미네 집에 갈 수 없었고 선미와 별도로 만나는 일도 없었다. 하교 시에 비가 오면 혹시 선미 어머니가 학교에 올지도 모른다는 생각으로 운동장을 한참 바라보기도 했다. 가끔 선미네 집 앞에 가서 대문의 벨을 누를까 망설이면서 서성거리기도 했지만 나를 반겨주는 것은 바람에 흔들리는 석류나무뿐이었다.

  6월 말. 장맛비가 2주 가까이 내리고 있었다. 갑갑한 마음을 달래기 위해 비닐우산을 쓰고 밖으로 나왔다. 동네 사람들이 모여 아랫동네를 보면서 웅성거리고 있었다.

  "누가 이사 가나 봐?"

  "석류나무집 있잖아. 그 집 남자가 큰 회사에 다녔는데, 교통사고로 죽었대. 아이 새엄마가 집 팔고 재산 정리해서 충청도 어디 고향으로 가는가 봐."

  '아아! 선미가 이사한다.'

나는 어안이 벙벙하여 잡고 있던 우산을 놓아버렸다. 인부들은 밧줄을 던지며 짐을 꽁꽁 묶고 있었고, 선미와 아주머니가 모르는 아저씨의 까만 승용차에 타는 모습이 보였다. 자동차가 서서히 움직이며 우리 동네 쪽으로 올라오고 있었다. 나는 눈물을 글썽이며 승용차를 향해 달렸다. 차가 서서히 멈추었다. 선미와 아주머니가 내렸다.

"선미야, 선미야. 가지 마."

"대전에 가면 학교로 편지할게. 그동안 같이 놀아주고 친구 해주어서 고마웠어."

선미는 사탕 두 개를 꺼내 나의 잠바 호주머니에 넣어주었고, 아주머니는 손수건으로 나의 얼굴을 닦아 주며 어깨를 토닥거려 주었다. 두 사람이 다시 차에 오르자 승용차는 바로 출발했다. 나는 차를 따라 잠시 뛰어가다가 멈추었다. 동네 사람들이 많이 보고 있어서 계속 갈 수 없었다. 이삿짐을 실은 두 대의 트럭도 출발했다. 자동차는 시야에서 사라졌고, 사람들도 모두 집으로 들어갔다. 나의 비닐우산은 바람에 날려 개울가의 시냇물을 따라 흘러갔다. 발걸음을 돌려 선미가 살던 집 앞으로 갔다. 대문은 굳게 닫혀 있었고, 비에 젖은 석류나무만 눈물을 뚝뚝 흘리고 있었다.

50년이 지났다. 내가 살던 마산합포구의 중성동은 시내 중심지가 되었고, 석류나무집이 있던 곳에는 아파트가 들어서 있다. 나의 어릴 적 추억 하나가 기름을 다 쓴 호롱불처럼 가물거린다.

나의 장례식

　구급차가 왱왱거리며 달려온다. 차선을 변경하고 잠시 기다린다. 누군가를 저승으로 빨리 모셔가기 위해 서둘러 간다는 생각이 든다. 서너 대의 승용차가 구급차의 꼬리를 물고 급하게 따라간다. 사람들이 바쁘게 사는 이유가 자신의 행복을 위해서인지, 승차권도 없고 순서도 없는 마지막 열차를 먼저 타기 위해서인지 모르겠다.
　최근 나와 비슷한 또래의 몇몇 지인들이 갑자기 세상을 떠났다. 나이가 그렇게 많지 않은 사람이 고독사했다는 뉴스도 이따금 들려온다. '죽음에는 노소가 없다.'라는 속담이 주변 어딘가에서 툭 튀어나와 나를 올가미로 묶어 가는 상상도 해본다. 자연의 섭리에 따라 모든 사람이 떠나야 하지만 그래도 야속하고 허무한 마음이 든다. 어쨌든 먼저 떠난 사람들의 영전에 국화꽃 한 송이 올리며 명복을 빌어주는 게 남은 자의 도리라고 생각한다.

몇 년 전, 직장생활을 할 때 상사로 모시던 분이 돌아가셨다. 장례식장에 함께 가자는 친구의 연락이 있었지만 몇 번 망설이다가 결국 참석하지 않았다. 그는 매사에 솔선수범하지 않으면서 말도 많고 탈도 많은 상사였다. 게다가 특별한 이유 없이 유독 나에게만 일을 많이 시켜 스트레스를 제법 받았다. 아무 불평 없이 업무를 처리하고 술좌석도 몇 번 만들었지만 쓸데없는 일이었다. 그러다가 그는 다른 학교로 전근을 하였다. 십 년 묵은 체증이 쑥 내려가면서 속이 시원했다. 그런 그에게 고개를 숙일 수 없었고 사진조차도 보기 싫었다.

그 상사가 가끔 꿈에 나타난다. 낚시터나 술좌석에서 그가 옆에 앉아 다정스럽게 대화를 나누며 생전과 달리 나를 괴롭히지도 않는다. 나는 평소에 생각이나 고민을 많이 하는 일이 있으면 그것과 관련된 꿈을 꾼다. 상사의 장례식장에 참석하지 못한 미안함이 무의식 속에 잠재되어 있었기 때문에 그가 꿈에 나타난다. 지독하게 미워하는 지인이 세상을 떠나더라도 비아냥거리는 대신 장례식에 가야 한다. 떠나는 사람을 위하는 마음도 있지만 살아있는 자신의 편안한 삶을 위해서 고개를 한 번 숙이면서 깨끗하게 정리할 필요가 있다. 그러면 꿈에도 나타나지 않는다.

장례식장을 여러 군데 다니다 보면 조화가 몇십 미터 길게 즐비해 있거나 문상객이 너무 많아 차례를 기다려야 하는 곳도 있다. 반면에 너무 썰렁하여 앉아 있기가 민망한 식장도 있다. 간혹 시간제 아르바이트생을 고용하여 문상객으로 앉혀놓고 자신들의 세력을 과시하는 집안도 있다고 한다. 조화와 문상객의 수는 망자와 자식들의 성공 여부나 인간관계에 의해서 결정된다. 그렇다고 그 수의 많음이 잘 살고 갔다거나 모범적인 삶을 살았다는 지표는 아닐 것이다.

조문을 간 일행과 함께 소주를 몇 잔 마시다가 잠시 얄궂은 생각을 해본다. 내가 갑자기 불의의 사고로 죽으면 과연 누가 문상을 와서 슬퍼하며 안타까워할까. 지금 머릿속에 생각나는 사람들은 다 참석할까. 그들은 나처럼 술을 마시며 나에 관해서 무슨 말을 할까. 아버지 초상 때 어머니가 그랬던 것처럼 아내는 얼마나 통곡을 할까. 사후의 일이지만 궁금증과 함께 부모 형제의 죽음이 떠오른다.

나의 가슴에 죽음을 처음 느끼게 만든 사람은 동생이다. 어느 날 아침에 눈을 뜨니 열병으로 심하게 아파하던 그가 보이지 않았고 누나만 부엌에서 울고 있었다. 해 뜰 녘에 부모님과 형들은 그를 무학산의 애기무덤에 묻고 내려왔다. "동생은 죽었다." 짧은 한마디가 전부였다. 나는 눈물을 흘리거나 슬퍼하지 않았다. 그냥 죽음은 사라지는 것이라고만 생각했다. 평소처럼 학교에 가서 친구들과 장난을 치며 놀았다. 세 평짜리 방 한 칸에 사는 일곱 식구가 여섯 명으로 줄어들어 좀 더 넓게 잠을 잘 수 있었다. 그때 내 나이 열 살에 불과했다.

비가 억수같이 내리던 늦여름 밤, 오랫동안 병석에 누워 계시던 아버지가 눈을 감았다. 3일 내내 비가 내렸는데 조문객들의 발길이 계속 이어졌다. 나는 문상객이 올 때만 곡소리를 냈다. 아버지는 자식들의 성장 과정이나 교육에는 관심도 없었고 그저 자신이 좋아하는 일만 하는 사람이었다. 어머니에게는 지아비였지만 우리에게는 그냥 아버지였다. 그때 내 나이 스물여섯이었지만 '아버지'라는 단어에서 고마움과 따뜻함을 느낄 수 없었다. 그저 그렇게 살다가 가는 것이 죽음이라는 담담한 생각을 했다. 이제 내가 딱 아버지 나이가 되었다. 나는 가족에게 가장의 역할을 제대로 하고 있는지 마음속에 물어본다.

평생을 함께하리라 믿었던 어머니가 팔순의 나이에 세상을 떠났을 때 나는 사십 대 중반이었다. 한없이 울었다. 동생과 아버지의 죽음에 흘리지 못한 눈물을 한꺼번에 쏟아냈다. "술 좀 적게 마셔라."라는 잔소리가 듣고 싶어 울었고, "그래, 잘했다."라고 칭찬하며 환하게 웃는 표정이 보고 싶어 울었다. 더 많은 사랑을 받고 싶어 울었고, 내가 받은 사랑을 돌려줄 수 없어 울었다. 아무리 목메어 울어도 어머니는 눈 하나 깜짝하지 않았다. 죽음은 남은 자의 슬픔과 그리움이라는 것을 처음으로 느꼈다. 아직 어머니가 살아 계신 친구들을 보면 마냥 부럽기만 하다.

죽음은 이승과의 인연을 끊는 것이다. 아버지와 어머니는 자신들의 장례식에 누가 왔는지 모른다. 나의 장례식에도 누가 와서 무슨 말을 할 것인지 알 수 없다. 누군가 나의 죽음을 안쓰러워하든 손가락질을 하든, 장례식을 삼일장으로 하든 일장으로 하든 그것은 나의 몫이 아니다.

나의 사체死體를 화장火葬해서 남은 재를 바다 위에 뿌려 달라고 유언은 했으나 가족들이 그렇게 해줄지는 모르겠다. 종교인들이 말하는 천당으로 갈지 지옥으로 갈지, 환생한다면 어디서 무엇으로 태어날지 미리 생각할 필요 없다. 사후의 일을 그때 가서 고민할 일이다.

쓸데없는 장례식 걱정보다 얼마나 의미 있게 살다가 가느냐가 더 중요하다. 마지막 눈을 감을 때 "나는 행복하게 살다가 간다."라고 말할 수 있으면 좋겠다. 못난 남편과 함께 살아준 아내와 아버지라 불러준 두 아들에게 고마운 마음과 함께 영화의 화면처럼 스쳐 지나갈 지인들에게 감사하는 마음을 갖고 떠나고 싶다.

오늘 떠난 사람은 먼저 간 사람이고 나는 다음에 갈 사람이다.

중고차

 세금이 나왔다. 12년.된 자동차는 작년보다 적은 액수가, 17년째 사는 아파트의 재산세는 조금 인상된 금액이 지로용지에 찍혀 있다. 나를 지켜주고 보호해주는 국가에 세금을 납부해야 하는 것은 당연하지만 이전보다 많이 나오면 기분은 언짢다. 회계장부상 차량과 건물은 똑같은 자산이지만 자동차세는 해마다 줄어드는 반면 재산세는 증가하고 있다.
 시간의 흐름에 따라 기계와 차량, 비품 등의 가치는 하락한다. 그것을 '감가減價'라 하고, 실제로 얼마나 하락했는지를 계산하는 것을 '감가상각減價償却', 그 결과 나온 금액을 '감가상각비'라고 한다. 그중 '감가상각'은 세 단어의 뜻을 아우르는 대표어로 사용되고 있다. 중고 차량이나 전자제품의 가격은 감가상각과 앞으로 몇 년을 더 사용할 수 있는지에 따라 결정된다.
 자동차세가 해마다 낮아지는 이유는 감가를 세법에서 인정하기 때문이다. 토지가 포함된 주택이나 아파트의 가격은 해마다 상승한다는 이유로 감가상각을 적용하지 않고 오히려 증세한다. 세월이 흐를수록 집값은 상승하지만 자동차는 아무리 애지중지 관리하더라도 가치가 떨어진다는 게 사회적 통념이다.

막내아들이 생애 첫차를 구매하려고 한다. 중고자동차 매매 상가에 같이 갔다. 출시한 지 한 달 된 것부터 십 년이 넘은 차까지 종류와 디자인이 다양하다. 막내는 차량의 연식과 색상, 사고 여부 등을 꼼꼼하게 따져본 후 마음에 드는 중고차를 매입했다. 평소 생각했던 차량을 선택해서 그런지 막내의 표정이 밝다.

아버지로서 경비는 보태 주지 못하지만, 운전 선배로서 차량을 점검해 주고 싶었다. 운전석에 앉아 시동을 걸고 이것저것 살펴보았다. 운전만 할 줄 알지 특별하게 아는 것도 없으면서 아들 앞에서 잘난 척하는 기분이다. 지나가는 사람들이 나를 말끄러미 쳐다보며 걸어간다. 갑자기 중고차에 타고 있는 나도 중고품이라는 생각에 얼굴이 화끈거렸다.

사람도 노화가 시작되면 자동차처럼 가치가 점점 떨어진다. 그렇다고 감가상각처럼 공식에 대입하여 정확하게 계산할 수는 없다. 요즘 조금만 걸어도 힘들고, 동네 뒷산이라도 다녀오면 그날은 그냥 쉬어야 한다. 바쁘게 살면서 몸을 너무 학대시켜 세포나 신체 기관의 마모시기를 앞당긴 것 같다. 내 몸 어딘가에 존재하는 생체 시계가 미리 정해진 시간표보다 더 빠르게 종착

점을 향해 달려가고 있다. 노화가 진행되고 있는 나의 신체는 중고품과 별반 다를 게 없다.

막내가 운전대를 잡고 집으로 향했다. 초보운전에 대한 불안감보다 중고품이 중고차를 타고 간다는 생각이 자꾸만 머릿속을 맴돈다. 나도 중고차처럼 어느 순간에 어딘가로 팔려갈지 모르는 일이다. 옛날에 보았던 영화, 〈뿌리〉에서 노예시장에 끌려가는 '쿤타킨테'의 불쌍한 모습까지 아른거린다. 행여나 인신매매 조직에 붙들려 염전이나 원양어선, 산골짜기에 끌려갈 수도 있다. 그렇더라도 나를 사 가는 사람이 있을까. 밥만 축낼 뿐만 아니라 작업장에서도 거치적거릴 것이다. 웃돈을 얹어 주어야만 데려갈지도 모르겠다. 새것도 버리는 세상에 나 같은 고물을 누가….

연식은 60년이 넘었고, 오래 걷지도 못하니 연비도 별로다. 덩치가 중대형급도 아니고, 외모가 스포츠카처럼 쭉 빠진 것도 아니다. 조금만 힘을 쓰면 온몸이 덜덜거린다. 아내가 집안일을 도와달라고 하면 괜히 바쁜 척하며 컴퓨터 자판을 '다다다닥' 평소보다 더 시끄럽게 두들긴다. 게다가 술과 담배에 찌든 내장 기관은 언제 망가져서 멈출지도 모른다. 껍데기는 물론 엔진까지 시원찮은 폐차 직전의 중고를 누가 선택하겠는가.

공장을 운영하는 동서에게서 얼핏 들은 이야기도 생각난다. 외국인 근로자들이 입국하여 취업교육을 마치면 대기실에서 한국인 사업주의 선택을 기다린다. 그들은 뽑히지 못하면 다시 본국으로 돌아갈지도 모른다는 불안감에 싸여 있다. "안녕하세요."

라는 서툰 발음으로 인사하면서 자신의 장점을 최대한 보여주려고 노력한다. 그들의 '아양'은 고국의 가족과 자신을 위한 간절함이고 최선의 표출이다. 사업주들이 손가락으로 "너"라고 지적을 하면 그들은 얼마나 밝고 환한 표정을 지을까.

나를 선택할 수 있는 사람들에게 나는 무엇을 내세울 수 있는가. 몇몇 지인들은 내가 글을 쓰고 있으니 죽을 때까지 심심하지 않겠다거나 성격이 밝아서 좋다고 부러워한다. 오지에서 생활한다면 그런 거 아무 소용없다. 그나마 요리를 할 줄 안다는 게 천만다행인지도 모르겠다. 좀 더 열심히 해서 요리사 자격증까지 취득했으면 좋았을 거라는 아쉬운 마음이 든다. 특정 분야를 잘하는 것보다 어떤 환경에서도 오래 살아남을 수 있는 신체적 조건을 갖추어야 할 것 같다.

집 근처까지 온 막내는 인근 서비스센터에 차를 몰고 들어갔다. 정비기사에게 중고차를 구매했다는 말을 하고, 이것저것 점검을 했다. 배터리와 엔진오일, 에어컨필터와 와이퍼를 교체하고 타이어 공기압까지 체크를 마쳤다. 다시 주유소에 들러 기름을 가득 넣고 세차까지 한 후 집으로 향했다. 중고차의 외모가 번쩍번쩍 빛난다. 엔진 소리도 한결 조용하다. 마치 공장에서 방금 나온 새 차처럼 부드럽게 달린다. 중고차라도 정비와 관리를 잘하면 새 차 못지않다.

나 자신이 중고라는 사실을 부인하지 않는다. 그래도 젊어 보인다거나 아직 쌩쌩하다는 소리를 들으며 살고 싶다. 가끔은 화장과 염색도 하고 분위기에 맞는 옷과 색상을 선택할 수 있도록 신경을 써야 한다. 중고일수록 가꾸려는 노력이 필요하다.

 외모도 중요하지만 강인한 체력을 만들어 가는 게 더욱 소중하다. 술과 담배를 끊거나 줄이면서 규칙적인 운동을 할 수 있으면 좋겠다. 건강에 대한 지나친 자신감과 병원을 두려워하는 마음을 버려야 된다. 가끔은 아프다는 엄살도 좀 피우고 건강식품이나 보약을 먹고 싶다는 말도 자주 해야겠다.

 주인의 관심 여부에 따라 중고차의 폐차시기를 늦출 수 있는 것처럼 나이 많은 사람도 자신을 어떻게 관리하느냐에 따라 생체시계의 속도를 느리게 만들 수 있다.

운전면허시험장의 풍경

　종점에는 무엇이 있을까. 시내버스나 지하철을 타면 끝까지 가보고 싶을 때가 가끔 있다. 젊을 때는 가벼운 호기심에도 쉽게 도전을 했지만, 이제는 알 수 없는 두려움에 선뜻 나서기가 어렵다. 다행히 내가 사는 구區를 순회하는 마을버스가 아파트 앞으로 지나간다. 추운 날씨지만 멀지 않은 곳에 익숙하지 않은 뭔가가 있을지도 모른다는 기대감을 품고 집을 나선다.
　마을버스는 연계교통 수단이다. 가까운 직장이나 학교, 시장이나 약속 장소에 가기 위해 이용하기도 하지만 시내버스나 지하철을 환승하여 공항이나 항구로 가는 사람도 있다. 나는 낯설고 신기한 동네 하나를 마음속에 간직하기 위해 마을버스를 타고 간다. 실망을 안고 돌아올 수도 있겠으나 종점까지 갔다는 의미 하나면 충분하다. 아무런 감정 없이 정류소 명칭을 정확하게 뱉어내는 음성안내장치의 방송에 따라 버스는 멈추고, 승객들은 내리고 탄다. 열댓 곳의 정류소를 지나자 종점이다.

기억 속에 종점이 아니다. 기름내 나는 정비소, 나뒹구는 폐타이어, 시커먼 연기를 뿜어내는 공장이 없다. 대신 대규모 아파트 단지, 깨끗하게 흐르는 수영강, 편하게 쉴 수 있는 강변공원이 한눈에 들어왔다. 쌀쌀한 바람이 부는 강변을 거닐며 볼거리를 찾아 고개를 좌우로 돌려보았다. '자동차운전면허학원'이라는 표지판이 눈에 들어왔다. 학원에 가면 따뜻한 음료를 마실 수 있다는 생각에 10분 정도를 걸었다. 마침 운전면허시험을 보는 날이라 생각보다 많은 사람으로 북적거렸다.

운전면허시험장은 남녀와 학벌, 빈부를 구별하지 않는 가장 공평한 시험장이다. 커피를 한 잔 뽑아 들고 기능시험장이 보이는 대기실에 들어갔다. 실내는 난방이 잘되어 따뜻한 봄날 같지만, 사람들의 낯꽃에선 각자의 계절이 뚜렷하게 구분된다. 주의사항을 전달하는 직원, 기능시험 동영상을 보는 사람, 시험 중인 친구의 주행에 맞추어 용을 쓰는 사람, 이미 시험을 끝낸 합격자와 불합격자, 나처럼 팔짱을 끼고 편안하게 관람하는 구경꾼들. 같은 공간 안에 있는 사람들의 행동은 십인십색이다.

합격한 수험생과 친구들은 서로 부둥켜안고 기뻐한다. 세상을 다 가진 기분일 것이다. 불합격자의 친구들은 "거기서 브레이크를 밟아야지. 신호등을 잘 살펴야지."라고 잔소리를 한다. 제일 답답하고 안타까운 사람은 탈락자 본인이다. 주변에는 취업이든 결혼이든 뜻을 이루지 못한 젊은이들도 꽤 있다. 그들은 원하는 일을 이루기 위해 최선을 다하고 있다. 그들에게는 지인들의 걱정스러운 표정과 질책보다는 "괜찮아, 잘 될 거야."라는 따뜻한 격려가 필요하다. 지나친 걱정은 부작용을 불러일으킬 수 있다.

최근 면허시험 제도가 바뀌면서 절반 이상이 불합격이다. 출발과 동시에, 아니면 중간에 탈락하는 사람도 있고, 끝까지 잘 마쳤지만 좋은 결과를 얻지 못하는 사람도 있다. 나름 시간과 비용을 많이 투자했을 텐데…, 안타까운 마음이 든다. 그렇지만 운전면허 시험은 더 까다롭고 어려워져야 한다. 운전 미숙으로 인한 교통사고로 수많은 사람이 희생되거나 불행한 삶을 살아가고 있다. 운전은 행복과 불행을 동시에 소유하고 있는 야누스의 얼굴과 같다.

내 나이 또래의 아저씨가 자신을 호출하는 방송을 듣고 시험장으로 들어간다. 긴장된 표정에 발걸음이 무거워 보인다. '저 아저씨는 60대 나이에 왜 운전면허 시험을 칠까?' 첫 시험은 아닐 것이다. 벌점이 누적되었거나 운전면허 갱신 기간을 넘긴 걸까. 무슨 큰 사고를 내고 면허가 취소되었을까. 아니면 십여 년 전 나처럼 음주운전 단속에 걸렸을까. 아저씨가 노란 시험용 차량에 승차하는 모습을 보면서 부끄럽고 숨기고 싶은 나의 과거 하나가 머릿속을 가득 채운다.

20여 년 만에 고등학교 단짝 친구를 만나 송정 바다가 보이는 횟집에 차를 몰고 갔다. 그동안의 기나긴 공백을 메우기 위해 소주잔을 빠른 속도로 비웠다. 세 시간이 지난 후, 고주망태가 된 상태에서 대리기사를 불렀다. 30분 이상을 기다리면서 물을 몇 잔 마시고 담배도 몇 대 피웠다. 술이 깬다는 기분을 느끼면서 술을 마셔도 운전을 잘한다는 자만심과 영웅심을 친구에게 과시하고 싶었다. 운전대를 잡고 1km도 못 가서 음주 측정기를 불어야 했다. 경찰서에 가서 면허 취소 판정을 받았다.

　벌금을 내고 1년간 운전을 할 수 없는 불편을 겪으면서 '재수가 없어 걸렸다.'는 불만을 많이 토로했다. 세월이 지나면서 그때 단속에 걸린 게 천만다행이었다고 생각하게 되었다. 음주단속에 걸리지 않아 집까지 4·50분 정도 차를 몰고 가다가 인명 사고라도 발생했다면 어찌 되었을까. 피해자와 나의 인생은 거기서 끝났을지도 모른다. 생각만 해도 끔찍하다. 음주단속은 선량한 많은 사람의 불행을 막기 위한 사전 예방조치. 이제 음주 후에는 절대 운전대를 잡지 않는다. 요즘은 대리기사도 빨리 온다.

　운전은 순탄하지 않은 우리의 인생길과 같다. 만반의 준비를 끝낸 후 출발하면서 운전에만 집중해야 한다. 건널목이 나타나면 잠시 멈추고 빨간 신호에서 차분하게 기다리는 여유도 필요하다. 뜻하지 않은 돌발 상황에 대비해 빠르게 대처할 수 있는 수습책도 생각해 두는 것이 좋다. 먼저 가려는 욕심보다 양보의 미덕을 발휘하면 기분이 좋아지고 여유도 생긴다. 자동차가 정기점검을 받듯 사람도 주기적으로 병원에 가서 건강검진을 받아야 수명이 길어진다. 합격 판정을 받고 나오는 아저씨도 안전하고 즐거운 운전을 했으면 좋겠다.

시험이 종료되었다는 안내방송이 나온다. 대기실의 난방장치가 작동을 멈추고 컴퓨터 화면은 까만색으로 변한다. 젊은 남녀 한 쌍이 기능시험장을 가리키며 뭐라고 대화를 나눈다. 환경미화원 아주머니는 밀대를 이용해 바닥을 빡빡 밀면서 "퇴근합시데이."라고 혼잣말처럼 중얼거린다. 돌아가야 할 시간이다. 합격자든 불합격자든, 일등이든 꼴찌든 다 돌아가야 한다. 또 다른 내일을 맞이하기 위해 차분한 휴식이 필요한 시간이다.

종점에서 기다리고 있는 마을버스에 오른다. 나보다 나이가 많은 기사 아저씨가 반갑게 맞아준다. 기분이 좋다. 운전은 즐거운 마음으로 해야 한다. 운전자는 자신과 손님들, 다른 운전자와 보행자들의 안전을 위해 최선을 다해야 한다. 자동차 사고로 인한 불행한 사람들이 더는 없었으면 좋겠다.

백운포 해녀 할매

　부산시 남구 용호동에 '백운포白雲浦'라는 포구가 있다. 백운포는 신선대를 등에 지고 오매불망 오륙도만 바라본다. 포구에 해군기지와 아파트단지가 들어서기 전에는 많이 알려진 곳은 아니었다. 오직 강태공들만이 세월을 낚고 갈매기들이 끼룩거리는 한적한 포구였다.
　직장 동료 중에 '어친魚親'이라는 별명을 가진 친구가 있다. 방파제에서 낚싯대를 던지면 놀이터에 아이들이 들락거리는 것처럼 물고기들이 입질을 자주 해서 붙여준 별명이다. 다른 동료들과 낚시하러 가면 허탕을 치는 날이 많아 삼겹살을 준비해 가지만 어친과 함께 갈 때는 몸만 따라가면 된다. 주말이나 공휴일 오후, 백운포로 낚시를 간다는 전화를 받고 달려가면 만찬의 준비를 끝내 놓고 기다린다.
　처음 택시를 타고 백운포로 달려간 때가 17년 전이다. 당시 백운포에는 포장집 하나와 횟집 겸 식당을 하는 가게가 예닐곱 개 있었다. 우리가 만나는 곳은 방파제 옆, 운치 좋은 바위 위에 자리 잡은 작은 포장집이다. 포장집 이름은 '해녀할매'였고, 실제 주인도 제주도 출신의 해녀 할머니였다. 낚시꾼들은 일흔이 다 된 할머니에게 '할매'라 불렀고, 나도 그렇게 따라 했다.

할매는 낚시꾼이 남기고 간 생선과 라면, 오뎅을 팔기도 했지만 직접 물질을 해서 잡아온 해삼 멍게 성게 전복 미역 등을 싼 가격으로 내놓기도 했다. 포장집 구석에는 항상 고무 잠수복, 뒤웅박이 달린 망사리, 눈, 갈갱이, 빗창, 등이 준비되어 있었다. 물질하러 가기 전 장작개비와 검불들이 가득 찬 드럼통에 불을 활활 피워 놓는 것도 잊지 않았다. 그 연세에 참 대단한 분이라고 생각했다.

한 달에 두 번 정도 백운포에 갔다. 나는 어머니보다 나이가 적은 할매를 좋아했고, 할매도 나를 '양 선상'이라 부르며 해물을 남달리 많이 챙겨주셨다. 싱싱한 성게 알, 미역귀도 맛있었지만 기름에 살짝 튀겨 먹는 바닷게의 고소함과 아삭한 맛은 지금도 잊을 수 없다. 자신이 만든 음식을 잘 먹어 주면 즐거운 마음에 더 많은 걸 해주고 싶은 심정이었을 것이다.

손님이 없으면 우리와 같이 소주를 마시는 날도 가끔 있었다. 할매는 다섯 잔이 넘어가면 취하기 시작한다. 약간 울먹이면서 신세타령을 많이 했다. "양 선상아, 내 얘기를 글로 한 번 써주라." "예, 할매, 이야기 하이소." 나는 글을 쓸 재주도 자신도 없었지만 그렇게 대답해주었다.

"내가 서귀포 인근에서 태어나 열다섯의 나이로 해녀 생활을 시작했어. 가난과 물질이 싫어 해방 이듬해 공장에 다니는 남자와 결혼을 했는데…. 무슨 폭동인가 뭔가 터지면서 신랑은 저세상으로 떠났지. 다시 물질하며 살던 중, 부산에 사는 남자와 재혼을 했어. 2남 1녀를 낳고 그럭저럭 밥은 먹고 살았는데 갑자기 신랑이 바람이 나서 집에 들어오지를 않더라고. 식모 생활과 장사를 하면서 나름 자식들을 열심히 키웠는데…." 할매는 잠시 이야기를 멈추고 소주를 한 모금 마셨다.

"큰놈은 군에 가서 사고로 죽었고, 딸래미는 중학교 졸업하고 돈벌이 간다고 나가서 연락도 없어. 하나 남은 막내아들은 소아마비를 앓아 집에만 있으니 내 신세가 뭔가. 60이 넘어 집으로 돌아온 남편은 뭘 한다고 하는데…." 할매는 말을 잇지 못한 채 휴지로 눈물을 훔쳐내면서 남아있는 술을 마셨다. 몸을 잠시 눕히기 위해 임시거처로 들어가면서 노래를 흥얼거렸다.

"이어도 사나 아~/ 차라차라 아~/ 잘도 분다 아~/ 이어도 사나"

그 후로 백운포에 갈 때마다 할매의 두 손을 꼭 잡고 등을 토닥거려 주었다. 할매가 물질해온 것들을 많이 사 먹고 돈을 넉넉하게 주었다. 돈이 많아서가 아니었다. 우리 어머니보다 더 힘들게 사는 또 다른 여자였기 때문이다.

몇 년이 지나고 할매가 환하게 웃는 모습을 처음 보았다. 밤늦은 시간에 베트남 출신의 며느리가 다리를 절뚝거리는 신랑과 돌이 지난 아들을 데리고 할매를 태우러 온 것이다. 친구와 나는 아이를 안아주며 좋아했다. 할매의 며느리와 악수를 했다. '고맙습니다.'라는 말은 하지 않았지만, 찡한 감정이 몰려왔다. 이국에서 온 마음이 넓은 여자의 손은 포근하고 따뜻하다는 것을 느꼈다.

퇴직하면서 친구를 자주 만날 수 없었고, 만나더라도 시내 술집으로 장소를 정했다. 3년 전 어느 날, 친구가 말했다. "해녀 할매 죽었다." "왜?" 나는 깜짝 놀라면서 잔을 내려놓았다. "전날 성게를 팔다가 많이 남았어. 자갈치시장 아는 사람에게 도매로 넘기기 위해 새벽 첫 버스를 타고 시장 입구에 내렸지. 건널목을 건너는데 신호를 무시하고 급하게 달려오던 트럭에 받혀…. 할매가 죽으면서도 남편과 자식에게 보상금과 보험금을 많이 남겨주고 떠났어." 나는 온몸에 힘이 쭉 빠졌다.

'하아, 내가 좀 더 자주 가서 성게 알을 많이 사 먹었어야 했는데…'
평소보다 일찍 집으로 오면서 할매를 생각했다.
'할매요, 다음 생애에는 꼭 이어도에서 태어나 행복하게 사세요. 물질은 취미 생활로 하시고 연리지 같은 사랑도 꼭 한 번 해보세요. 그것이 할매의 가슴에 품고 있던 꿈이었잖아요.'

지금도 백운포 바닷가 바위 위에는 포장집이 그대로 있다. 해녀할매의 인척이면서 해녀 출신이 아닌 할머니가 장사를 하고 있다. 자주 가지도 않지만 해녀할매처럼 정이 가질 않는다. 할매가 나를 반겨주던 모습을 지울 수 없기 때문에.

임을 위한 노래, 도리화가

예나 지금이나 사랑의 힘은 인간의 한계를 넘어선다. 사랑은 어떤 시련과 고통이 닥치더라도 절대 물러서지 않는다. 30년 이상의 나이 차를 극복하고 사랑에 빠진 판소리 이론가와 여자 소리꾼이 있다. 애달프지만 그들의 아름다운 사랑 이야기를 영화, 〈도리화가〉를 통해 만나본다.

민초들의 삶을 표현하는 판소리는 수백 년간 여성들에게 문을 열어주지 않았다. 여자의 입에서 판소리가 나온다면 그것은 곧 파멸을 의미했다. 1876년은 흥선대원군의 서슬 퍼런 정책이 펼쳐지던 시기였다. 대원군은 경회루의 낙성연을 위한 전국의 소리꾼 경연을 개최했다. 그 자리에서 조선 시대 최초로 여성의 소리가 경복궁의 밤하늘에 울려 퍼졌다. 그녀의 오묘한 목소리는 어린 고종과 대원군, 관객들이 웃고 울도록 만들었다. 그녀의 옆에는 눈물을 글썽이며 북을 치는 한 남자가 있었다.

판소리 이론가, '신재효'는 어린 시절을 고창 지역에서 보냈고 한문을 배워 몇 편의 한시를 남기기도 했다. 당시 지방 관청에서는 각종 연회 때 소리꾼을 초청하여 여흥을 즐기는 일이 허다했다. 그는 '향리鄕吏'라는 신분으로 이런 행사를 담당하면서 자연스럽게 판소리를 접할 수 있었다. 자신의 낮은 신분과 사회적 푸대접에서 벗어나 백성들의 아픔을 판소리로 표출하고 싶은 생각을 실천으로 옮겼다.

그는 명창들을 '동리정사桐里精舍'라는 자신의 학당으로 초청하여 판소리 교육을 위한 공간을 마련했다. 30여 편의 판소리 단가와 가사체 작품을 창작하면서 소리꾼이 갖추어야 할 요건, '인물치레, 아니리, 득음, 너름새' 등의 4대 규정을 제시하였다. 만년에는 판소리 열두 마당 가운데 여섯 마당, 〈춘향가〉〈심청가〉〈박타령〉〈토별가〉〈적벽가〉〈변강쇠타령〉 등을 개작하는 업적도 남겼다.

우리나라 최초로 여성 명창의 반열에 오른 '진채선'은 고창에서 무녀巫女의 딸로 태어났다. 어린 시절부터 어머니를 따라다니며 자연스럽게 소리를 배울 수 있었다. 어머니를 일찍 여의고 기생집의 허드렛일을 도와주던 중 소리꾼들의 판소리 공연을 우연히 접하게 되었다. 〈심청가〉를 듣고 눈물을 흘리면서 자신이 앞으로 해야 할 일을 찾게 되었다. 그 후 남장을 하고 동리정사에 들어가 소리를 배우면서 소질을 어느 정도 인정받았으나 여자라는 것이 발각되면서 학당에서 쫓겨났다.

　경회루 낙성연 경연 소식이 전해지면서 신재효의 고민이 시작되었다. 자신의 문하생 중에 춘향가의 〈사랑가〉와 〈쑥대머리〉를 소화할 적임자가 없었다. 춘향가의 진정한 소리를 낼 수 있는, 남자는 결코 흉내 낼 수 없는 소리를 지닌 진채선을 받아들이기로 결정을 내렸다. 여자임이 발각되면 모두가 죽음을 면치 못하는 위험을 감수하고 진채선에게 판소리의 모든 것을 가르친다. 득음 과정을 거쳐 인물의 성격, 아니리, 너름새와 함께 춘향이 마음속에 품고 있던 진정한 사랑의 의미까지. 그런 과정에서 스승 신재효와 제자 진채선의 가슴에 사랑이 움트기 시작했다.

　영화, 〈도리화가〉는 '류승룡(신재효)'과 '배수지(진채선)'가 주연을 맡고 '이종필' 감독이 2015년에 발표한 작품이다. 59세였던 신재효가 24세인 진채선의 아름다운 미모와 소리를 빗대어 만든 단가, 〈도리화가桃李花歌〉에서 영감을 받아 제작되었다. '도리화(복숭아꽃과 자두꽃)'는 신재효가 채선에게 붙여준 별칭이다.

　경연의 참여 신청을 하였으나 채선이 여자라는 것이 발각되면서 신재효는 감옥에 갇히게 된다. 경연 전날, 대원군은 관기들을 불러 연회를 베풀고, 채선은 관기들의 도움으로 대원군 앞에서 창을 할 수 있었다. 지금까지 들어보지 못했던 청아한 목소리에 대원군은 놀라움을 표한다. 채선은 스승의 구원을 요청한다. 대원군은 경연에서 장원하면 원대로 해주고 그렇지 못하면 모두 죽음을 면치 못할 것이라 말한다.

신재효는 고수가 되어 북을 치고, 채선은 스승의 얼굴을 보면서 〈사랑가〉와 〈쑥대머리〉를 부른다. 마지막일지도 모르는 소리에 온 힘을 쏟아 붓는다. 때로는 눈물을 흘리면서 슬프게, 때로는 환하게 웃으면서 흥겹게 판소리를 불러 당당하게 장원을 차지한다.

낙성연이 끝나고 대원군은 채선을 '대령 기생'으로 묶어두었다. 신재효는 목숨을 구하고 입신양명의 꿈을 이루었으나 사랑하는 채선을 잃은 채 귀향하게 된다. 금세 돌아올 줄 알았던 임이 돌아오지 않자 신재효는 〈도리화가〉라는 노래를 만들어 채선에게 보낸다. 대원군의 권력이 쇠퇴해지면서 채선은 궁을 나와 자신을 기다리고 있는 스승을 생각하며 동리정사로 달려가는 모습으로 영화는 막을 내린다.

"스물네 번 바람 불어 만화방창 물이드니/ 구경 가세 구경 가세 도리화 구경 가세/
　꽃 가운데 꽃이 피니 그 꽃이 무슨 꽃고/ 웃음 웃고 말을 하니 수렴궁의 해어화인가/
　해어화 거동 보소 아리땁고 고울시고/ 나와드니 빈 방안에 햇빛가고 밤이 온다/
　일점 잔등 밝았는데 고암으로 벗을 삼아/ 잠 못 들어 근심이요 꿈 못 이뤄 전전한다"

－ 도리화가 중에서 －

대원군이 신재효를 불러 벼슬을 주는 대신 채선을 자신의 수하에 두겠다는 말을 했을 때, 신재효는 거절했다. 관직과 부귀도 필요 없고 도리화에 향기가 가득할 때까지 함께하고 싶은 자신의 마음을 전했다. 여자가 소리를 한 죄로 모두를 처벌하겠다는 대원군의 강압에 계속 버틸 수가 없었다. 사랑하는 임을 권력에 빼앗기고 돌아서야 하는 신재효의 심정은 어떠했을까.

채선은 목숨을 버려 모든 것을 얻을 수 있었던 '심청이'처럼 살겠다는 각오로 판소리를 배우기 시작했다. 신재효에게 〈사랑가〉를 배우면서 스승을 마음에 품고 '춘향이'처럼 살고 싶었다. 춘향이 임을 만나고 헤어지고 다시 만났던 것처럼 사랑하는 임을 만날 수 있다고 확신하며 궁궐 생활을 했다. 자신의 연인, 스승만을 주야장천 생각하며 몇 년을 기다린 채선의 마음은 어떠했을까.

권세와 재물로 욕심은 채울 수 있을지라도 상대의 마음과 사랑까지 빼앗을 수는 없다. 변하지 않는 연인들의 간절한 사랑은 언젠가 꽃을 피울 수 있다. '藝'와 '愛'의 완성을 향해 달려온 신재효와 진채선의 삶에 경의를 표한다.

사랑을 조각하지 못한 까미유 끌로델

　안개가 자욱한 미로 속에 이상형의 연인이 있다. 날씨가 좋아질 때까지 기다릴 수 없다. 위험하다는 주변의 만류에도 산을 넘고 강을 건넌다. 넘어져 상처가 나고 수렁에 빠지더라도 임을 향해 달려간다. 마침내 연인에게 손을 내밀며 마음을 고백한다. 혼자만의 생각으로 서로 다른 두 마음을 하나로 만들기는 어려운 일이다.

　예술은 길고 사랑은 짧다. 예술가들의 생각은 작품으로 나타난다. 그들의 마음속에 담겨있는 기쁨과 슬픔에 따라 창작물의 느낌은 달라진다. 젊은 나이에 창작 활동을 열심히 하던 중 사랑의 고통을 겪은 조각가, '까미유 끌로델'을 영화를 통해서 만나보았다. 끌로델은 조각에 대한 남다른 열정으로 '천재 조각가'라는 별칭은 얻었으나 '로댕'과의 애틋한 사랑은 애달프기 그지없다.

　까미유 끌로델은 1864년 프랑스에서 태어났다. 어린 시절부터 조각에 남다른 관심과 재능을 보였고 아버지로부터 전폭적인 지지를 받았다. 여자라는 이유로 예술학교의 입학을 거부당했지만 열아홉의 나이에 당대 최고의 조각가 로댕의 조수로 일을 하게 된다. 그녀의 기발한 착상과 독창적 재능에 조각가들은 놀라움을 금치 못했다. 눈멀고 말 못 하는 아내가 남편을 다시 만나는 장면을 묘사한 작품 〈샤쿤탈라〉를 살롱전에 출품하여 최고상을 받은 것은 그녀의 나이 24세에 불과했다.

끌로델은 로댕의 제자이자 모델로서, 동료이자 연인으로서 뜨거운 사랑을 불태웠다. '아무것도 할 수 없어 또 편지를 씁니다. 당신이 여기 있다고 생각하고 싶어 그냥 누워만 있습니다.' 그녀가 로댕에게 보낸 편지 일부분이다. 그녀는 로댕의 대표작 중 하나인 〈지옥의 문〉을 제작하는 과정에도 참여했다. 아름다운 여성이 지옥에서 형벌을 받는 모습을 표현한 로댕의 〈다나이드〉는 그녀를 모델로 만들어진 작품이다. 두 사람의 만남은 기쁨의 시작인 동시에 고통의 시작이었다.

로댕에게는 이미 가장 어렵고 힘들었던 젊은 시기를 함께 보낸 '로즈 뵈레'를 비롯한 몇몇 여인들이 있었다. 마침내 로댕은 끌로델에게 이별을 통보하고 헤어진다. 마음의 상처를 입은 끌로델은 세 사람 사이의 관계를 빗댄 조각 작품, 〈중년 - 성숙의 시대〉를 제작한다. 나이 든 여성이 남성을 데리고 앞서가고 그 뒤를 젊은 여성이 애절하게 따라가는 작품에 그녀의 마음이 담겨있다. 로댕은 그녀와의 관계가 세상에 알려지는 것이 두려워 끌로델의

작품 제작과 전시회가 열리지 못하도록 방해했다. 그녀는 로댕에 대한 피해의식과 강박관념에 사로잡혀 정신적 고통을 겪는다.

영화 〈까미유 끌로델〉은 1988년과 2013년 각각 다른 감독에 의해 두 번 제작되었다. 1988년 영화에는 로댕과 끌로델의 복잡한 관계에 초점을 맞추었다. 스물네 살이나 연상인 로댕의 아내가 되어 예술적 동반자이길 원했지만 뜻을 이루지 못했다. 홀로서기를 하면서 조각에 몰두하여 예술적 꽃을 피울 수 있었다. 하지만 시간이 갈수록 피폐해진 정신과 육체는 균형을 잃었고, 마침내 로댕에 대한 피해망상에 사로잡히게 된다. 로댕이 위대한 조각가로 부와 명예를 누리는 동안 그녀는 정신착란을 일으켜 30년 동안 정신병원에서 보내다 생을 마감한다는 내용이다.

2013년 영화에는 로댕이 등장하지 않는다. 열렬한 후원자, 아버지가 세상을 떠나자 끌로델은 가족들에 의해 49세(1913년)의 나이에 프랑스 남부의 한 정신병원에 수용된다. 79세에 세상을 떠날 때까지 밖으로 나오지 못했다. 편지를 주고받을 수 없고 조각을 할 수도 없는 고립 상태가 된다. 메마르고 적막한 환경과 병원 환자들의 절규하는 소리가 자신의 숨을 조이는 것 같은 힘든 생활이 반복되었다. 끌로델의 유난히 쓸쓸했던 1915년 겨울 이야기가 영화로 만들어졌다.

끌로델은 로댕과 함께 생활하면서 자신만의 독창성을 잃어버렸고 작품이 지나치게 관능적이라는 이유로 미술사에서 정당한 평가를 받지 못하고 있다. 〈샤쿤탈라〉〈중년 – 성숙의 시대〉〈끌로토〉〈뜬소문〉 등 그녀의 대표작품은 로댕미술관에 전시되어 있다. 사후에도 로댕의 그늘에 갇혀 있다는 사실에 안쓰러운 마음이 든다.

영화를 보는 내내 끌로델과 동시대에 살았던 여류 예술가 '나혜석(1896~1948)'이 생각났다. 우리나라 최초로 서양화 전시회를 연 그녀는 여성도 인간임을 주장하는 단편소설 『경희』를 발표했다. 파리를 비롯한 유럽 여행 이후, 1930년 이혼을 하고 대중잡지 《삼천리》에 정조 관념과 가부장제의 모순을 비판하는 〈이혼고백장〉, 〈신생활에 들면서〉를 발표하여 사회적 논란을 일으켰다. 그녀는 인형이 되기를 거부하고 새로운 것을 찾아 길을 나섰다가 어느 추운 겨울날 행려병자로 생을 마감했다.

나혜석은 1927년 8개월 동안 파리에 머물면서 자유와 사랑을 만끽했다. 그때 끌로델은 정신병원에 있었다. 두 사람이 만나지는 않았겠지만 어쩌면 나혜석은 끌로델의 이야기를 듣고 같은 여성으로서 비애감을 느꼈는지도 모른다. 두 여인은 여성의 실력과 활동을 인정하지 않고 오히려 비하하고 비난하던 시대의 아픔을 안고 세상을 떠났다. 나혜석의 삶도 끌로델처럼 영화로 만들어졌으면 좋겠다.

끌로델은 뛰어난 조각가였지만 자신의 사랑은 조각하지 못했다. 그녀는 구상과 소묘를 열심히 하고 재료를 새기거나 깎아서 좋은 작품을 만들었다. 사랑도 상대방의 입장과 환경을 충분히 고려하여 신중하게 시작해야 한다. 무슨 일이든 욕심 하나로 좋은 결과를 만들 수 없다. 만약 그녀가 로댕의 아내로 살았다면 또 다른 여인이 자신과 같은 피눈물을 흘렸을 것이다. 젊고 활기찬 그녀의 감성이 이성을 앞서 이별이 예견된 무모한 사랑을 시작했다. 아름다운 사랑을 완성하는 일은 훌륭한 작품을 만드는 것보다 더 어려운 작업이다.

지금은 자유연애 시대다. 끌로델이 현재를 살아간다면 다른 남자와 사랑도 하고, 더 많은 작품을 남길 수 있었을 것이다. 그렇지만 아직도 여성들의 사랑과 예술 활동은 알게 모르게 많은 제약을 받고 있다. 여성들이 소질과 능력을 마음껏 발휘할 수 있는 시대가 언제쯤 오려는지 모르겠다.

끌로델은 시대에 배척당하고, 가족과 연인에게 버림을 받았지만, 그녀의 사랑과 조각에 대한 남다른 열정은 사람들의 마음속에 오래 남아있을 것이다.

작품해설

■ 작품해설

사물의 문학적 해석, 물物과 상像의 결속
― 양희용(일섶)의 〈냉장고를 지키며〉

박양근(부경대학교 명예교수·문학평론가)

　익숙한 사물을 대할수록 우리는 그 존재를 제대로 의식하지 못한다. 일단 주변 사물이 되면 남다른 생각을 불러일으키기가 어려워진다. 이런 난제는 남녀 차이에서도 발생한다. 남녀로 구별되는 장소나 물건인 경우는 더욱 그러하다. 예를 들면 화장실과 목욕탕은 남녀 사용이 엄격하게 구분되어 있다. 부엌살림 도구를 주로 여성들이 사용한다면 각종 수리 용구는 남성들이 이용한다. 이러한 차이는 사물과 관계맺음이 달라진다는 것을 뜻한다.
　부엌의 싱크대와 조리기구와 냉장고는 주부의 삶에 대한 태도와 사고방식을 드러내 주는 사물이다. 주부는 사랑하는 가족을 위해 할 수만 있다면 과일과 생선과 채소를 가득 채우고 싶다. 주부와 냉장고 사이에 살림이라는 함수가 존재하기 때문이다. 하지만 남성과 냉장고 사이에는 그 상관성이 희박하다. 만일 각종 식품과 음식이 냉장고에 가득하다면 포만감보다는 비효율적인 저장방식을 불평할지 모른다.

양일섶이 〈냉장고를 지키며〉에서 보여주는 냉장고는 음식 저장소가 아니다. 그는 '누가 냉장고를 지키는가'에 집중한다. 우선 여성화자라고 생각하지만 일단은 아니다. 다음에는 남성도 부엌 살림을 하는 추세를 고려하여 '우리'라는 주체를 작가 당사자로 여길 수 있다. 첫 단락을 읽으면 서두에 등장하는 화자는 작가 양일섶도 제삼자의 사람도 아님이 밝혀진다. 이쯤에서 독자들은 작품을 이끌어가는 화자의 중요성과 주제의 심각성을 깨닫게 된다.

작품의 주제는 '누가 냉장고를 지키는가'이다. 사람은 냉장고를 이용하는 위치에 있으므로 냉장고와의 존재적 관계가 없다. 이제 냉장고에 저장된 각종 식자재를 주목할 시간이 되었다. 저장 식품에 인격을 부여하면 '냉장고를 지키는' 주체로 내세울 수 있다. 사물을 이용한 양일섶의 설정 기법이 돋보이는 이유다. 서두는 "인생은 짧습니다."로 시작한다.

> 인생은 짧습니다. 행복과 불행, 쾌락과 고통 모두 한순간입니다. 인간들은 백세시대라고 떠들지만 허세일 뿐입니다. 기나긴 우주의 시간에서는 그냥 한 점에 불과합니다. 나는 그 점도 찍지 못한 채 세상을 떠나야만 합니다. 천도재까지 바라지 않지만 나의 껍데기만이라도 고향 땅에 뿌려 주면 좋겠습니다. 혹시 환생한다면 담벼락에 올라 '꼬끼오~'라고 목청껏 소리치며 새벽을 깨우고 싶습니다.

주체적 화자는 계란이라는 사물이다. 사람의 목소리를 빌려 "껍데기, 담벼락, 꼬끼오"라는 언어를 발화시킴으로써 계란임이 확연히 드러난다. 성찰력을 가진 독자는 작가가 계란을 인생과 결부된 어떤 문제를 제시하는 도구로 사용하려 한다는 점을 알아차린다. 계란이 지닌 상징으로 인문학적인 의미를 추론해낸 첫 사례는 '콜럼버스의 달걀'이다. 지구 반대쪽에 있는 신대륙을 발견한 콜럼버스의 달걀은 새로운 역사의 시작을 알려주는 메시지를 지닌다. 그러나 이 지구적인 발견은 인간의 탐욕과 서구 제국주의의 침략이라는 부정적인 의미도 갖는다.

양일섶은 콜럼버스와 달리 이타적인 인생론을 구현한다. 인간은 먹고 계란은 먹히지만 운명은 동일하다는 개념 맺기를 시도한다. 작가는 유효기간이 짧은 계란처럼 인생이 얼마나 짧으며 그 인생조차 타자의 뜻에 좌우된다는 숙명론을 제시한다. 말하는 것은 달걀이지만 함의된 것은 인간의 일생이다.

작가는 그 계란의 용처를 삶으로 승화시켜 설명한다. 인간들에게 포획되어 철망 우리에 갇혀 살다가 인간들에게 자신을 먹이로 바치는 것이 닭의 운명이다. 어미닭 몸속에서 나온 계란은 병아리가 되겠다는 꿈을 꾸지만 원하는 대로 이루어지지 않는다. 계란의 비극은 병아리가 되지 못했다는 사실에 있지 않다. 뜨거운 물속에서 익혀지고 프라이팬 위에서 구워진다. 아름다운 죽음이라는 것은 사치스러운 말에 불과하다. 인간의 웰빙과 웰다잉을 위해 계란은 '뱃(bad)다잉'의 신세를 감내한다. "세상사 마음먹은 대로 되는 게 뭐 있습니까."라는 계란의 신세 탄식을 듣다 보면 인간에게도 세상사 마음대로 되는 것은 아무것도 없다는 생각을 저절로 하게 된다. 그런 운명을 가장 사실적으로 보여주는 사례가 뜨거운 물에 삶기는 것이다.

> 나를 힘들게 하는 죽음은 물속에 넣고 끓이는 것입니다. 프라이팬 위에서의 고통이야 잠시지만 더운물 속에서는 10분 이상 뒹굴며 온몸을 바동거려야 합니다. '팽형烹刑'이라는 형벌이 고대 중국과 조선 시대에 잠시 있다가 사라졌다는데, 아무런 죄도 없는 내가 이런 끔찍한 벌을 받는다는 게 너무 가혹하다고 생각합니다. 시대가 바뀌어도 케케묵은 관습과 전통이 여전히 많이 남아있습니다.

이 비극적인 순간에 작가는 달걀에서 삶을 새롭게 해석하도록 한다. 기껏 50g의 무게와 잘 깨지는 피부와 300원의 값어치밖에 없지만 인간을 위해 최대한 헌신을 한다는 것이다. 계란치기를 당하며 사람들이 울분을 삭히도록 해주고 갖가지 음식에 고명으로 사용되고 아이들의 소풍 때는 최고의 인기 반찬이 되도록 분장한다. 다방 커피와 쌍화차의 노른자가 되고 아이들의 멍든 눈가를 문질러주는 치료 역할도 마다하지 않는다. 죽을 때까지 오직 인간을 위한 희생과 봉사에 매진한다. 병아리로 태어나고 싶다는 꿈도 기꺼이 포기한다. 인간사회에서 이런 극진한 희생을 목격하기는 쉽지 않다. 인간이 인간에게 이런 헌신을 과연 실천할 수 있는가. 죽음을 눈앞에 둔 계란은 비통하면서 마지막 말을 덧붙인다.

> 어떻게 태어났던, 어떻게 살던 편안한 삶은 없습니다. 나만 힘들게 산다고 생각하지 않았으면 좋겠습니다. 각자 가야 할 길이 따로 있고, 그 길 위에서 작은 행복을 찾으려고 노력하면 됩니다.

이것이 계란이 인간에게 던지는 궁극적인 메시지이면서 수필로 형태화된 주제이다. 인간은 수탈하고 계란은 희생되지만 그들은 하나의 공통점을 가진다. 그것은 누구에게나 편안한 삶은 드물다는 사실이다. 각자가 나름대로의 삶에 만족해야 한다. 계란이 냉장고에 저장되어 있는 동안 이런 생각을 한다고 상상한다면 인간도 '지구를 지키며' 분수에 맞게 살아야 하지 않겠는가. 이것이 계란이라는 사물을 통해 양일섶이 말하고자 하는 준엄한 관계인식이다.

물리적 인식의 대상으로서 사물은 누가 사용하며 어디에 놓이는가에 따라 의미를 달리한다. 일상적 사물이 생경한 '사물의 변형'을 가져오는 이유이다. 기성품이 예술작품이 되는 과정도 처음에는 반대에 부딪히지만 시간이 지날수록 새로운 이즘과 사조를 대변하게 된다. 이것이 문학과 예술을 발전시키는 동력이라고 말할 수 있다.

수필의 기법도 작가마다 차이가 있다. 효과적인 방식은 물리적인 사물이 지닌 상징과 의미를 새롭게 발굴하는 것이다. 소재를 변형하지 않더라도 위치를 변형시키거나 화자의 관점을 다르게 하면 사물과 작가가 만나는 새로운 접점이 만들어진다.

문제작으로 선정된 〈냉장고를 지키며〉는 이런 오브제를 구현한다. 양일섶의 냉장고와 계란은 가장 전형적인 오브제로서 작은 계란으로 인간에게 자족의 삶을 권한다.

미술이든 문학이든 주제는 사물과 어떤 관계를 맺는가이다. 일상적 사물이 가진 예술적 의미를 밝혀내는 것이다. 그 점에서 양일섶의 〈냉장고를 지키며〉는 사물의 상징적 기능을 밝혀낸 작품으로써 손색이 없다.

─《수필과비평》 2019년 6월 (212호) 이달의 문제작 중에서

■ 작품해설

작가가 사물을 차용하는 방식
— 양희용(일섶)의 〈주방〉

김지헌(조선대학교 국문과 외래교수 · 문학박사)

    양일섶이 주방을 의인화하여 주제를 전하는 방식은 다분히 우의寓意적이다. 사람이 주인공이 되어 시시콜콜 들려주는 이야기보다 훨씬 흥미를 끈다. 그래서 우화가 신선하게 읽힐 것이다. 똑같은 사물을 대상으로 했을지라도 이야기하는 방식의 차이에서 작품성은 달라진다. 즉 문학성을 획득했는가, 그렇지 않은가의 차이가 생긴다. 낯설게 하기의 방식도 이제는 별반 새로울 것 없는 양식이 되고 말았으니 작가들의 고민은 더 깊어지겠다. 태양 아래 새로운 것은 없다지만 조금이라도 다른 내용과 다른 형식을 갖춰 보려는 작가들의 노력은 끝이 없다. 양일섶이 이야기하는 방식에서 우의적인 태도를 취하는 것은 가부장제 사회에 익숙한 그가 아내가 있던 자리에 서야 할 때의 어색함 때문인지도 모르겠다.

그렇다 해도 그 용기에 찬사를 보낸다. 그의 작품 〈요리하는 중년〉으로 수필문학에 입문했으므로 그에게 요리는 이제 자연스러운 일상이 되었을 것이며 그 실력 또한 타의 추종을 불허할 만큼 진전되었을지도 모를 일이다. 주방을 의인화하여 주방 문화와 식탁의 풍경은 물론 그 변천사까지 들여다볼 수 있어 남다른 의미로 읽혔다. 남자가 쓰는 주방 역사의 한 축이다.

> 모두 나에게만 오면 끝장이다. 비싼 소고기도 좋고 맛있는 돼지 삼겹살도 좋다. 하늘만 바라보며 이슬을 마신 나물이든 땅속으로만 달려가는 풀뿌리든 상관없다. 멀리 태평양 심해에 살던 생선이건 가까운 연해에서 자란 해조류건 개의치 않는다. 나에겐 대장간에서 몸을 단련시킨 다양한 종류의 칼과 전남 장흥 출신의 편백나무 도마가 있다. 싱크대라 불리는 나의 심장에는 깨끗한 물이 콸콸 쏟아지고, 스위치만 누르면 활활 타오르는 불이 있다. 두려울 것도, 못할 것도 없다.

첫 문장부터 자못 비장한 의미를 던진다. 양일섶의 주방에 들어온 모든 식자재는 그것이 어디에서 자라고 어떻게 운송되어 왔던 시공간을 초월해 버린다. 다양한 종류의 칼과 편백나무의 도마와 어느 때든 콸콸 쏟아지는 물과 활활 타오르는 불을 가진 주방은 무소불위의 힘을 가진 존재이기 때문이다. 그래서 그를 마술사라 부르는 사람도 있다. 그뿐만 아니라 주방 왼쪽에 있는 가스레인지와 오른쪽에 있는 냉장고를 〈사신도〉에 나오는 청룡과 백호로 비유하는 솜씨는 주방 묘사의 정점으로 보인다. 그의 탁월한 묘사는 주방의 모든 집기류에 생기를 불어넣고 질서를 부여한다.

'12년 전, 수납장에 들어간 꽃이 그려진 접시는 아직 한 번도 세상 구경을 못 하고 있다. 아마 숨이 막혀 죽었는지도 모르겠다. 주인은 그게 있는지도 모를 것이다. 세상사 다 그렇다고 이해를 하려고 해도 다른 가족들도 언젠가 외면당할지 모른다고 생각하면 마음이 편치만은 않다.'라는 작가의 생각은 무생물인 사물에 생명을 부여한 뒤 그가 말하고자 하는 바를 에둘러 표현한 것이다. 사물은 주체에게 선택 당하는 순간부터 그의 소유가 되지만, 주체는 선택하는 순간의 짧은 기쁨을 맛본 뒤 소유한 사물을 수납장 속으로 들여보내고 그 뒤엔 까마득히 잊어버린다. 주체는 필요한 물건을 사서 사용하며 그 순간을 향유하기보다는 고작 물건을 구매하는 순간의 기쁨을 누리는 대가를 지급하는 셈이다. 자본주의 세상에서는 자고 일어나면 새 상품이 나온다. 그들이 꼬드기는 구매 욕구를 뿌리칠 수 있는 사람은 소비에 대한 주관적 생각을 철저하게 지키는 수수의 사람들뿐이다. 이 부분은 자본 사회의 소비문화의 의표를 찌르는 풍자 형식을 취하고 있다. 작가는 주방을 희화화하는 것처럼 보이지만 사실은 주방을 사용하는 인간에 대한 희화화인 것이다.

나의 원래 이름은 '부엌'이었다. 옛날에는 '부뚜막'이나 '정지'라고도 불렀다. 아파트가 본격적으로 보급되면서 나는 빠른 속도로 진화해

왔다. 부엌이라는 단어에서 불편하고 촌스러운 냄새가 난다는 이유로 현대적인 이미지를 가진 현재의 이름으로 개명했다. 이제는 단순하게 음식을 조리하고 식기를 씻는 공간이 아니다. 생각지도 못했던 TV, 컴퓨터, 스마트가전들이 우리 가족으로 입양되어 오고 있다고 한다. 첨단 시설과 기술력이 집약된 하나의 문화 공간, 소통의 공간이다. 사람들은 나의 공간에 앉아서 음악도 듣고 책도 읽는다. 젊은이들은 나를 '아트키친'이나 '시스템키친'이라 부른다. 그렇게 어색한 말은 아닌 것 같다.

부엌은 성 역할이 분리된 최초의 장소이자 아직도 가부장제가 두 눈 부릅뜨고 제자리를 지키려 안간힘을 다하고 있는 장소이기도 하다. 반면 남성들이 발 들여놓기를 꺼리는 장소이니만치 부엌은 여자들의 문화를 온전하게 함축하고 있기도 하다. 그곳은 여성의 권력의 장이었고, 여성만의 문화를 꽃피운 장소였다. 그리스 문명 속의 가부장적 남성들도 부엌으로 상징되는 재산(조선의 곳간 열쇠)만큼은 아들과 함께 아내의 몫으로 물려주었다. 수많은 여자 속에 둘러싸여 성을 자유롭게 누리고 사는 남편들이 그것을 묵인하는 조강지처에게 답례로 하사하는 권리가 가족을 살리는 부엌에 대한 권한을 주는 일이었다. 한국의 부엌 또한 호칭의 변화 과정을 거쳐 왔지만, 이와 유사한 내력과 의미를 담고 있지 않은가.

노동의 성 역할 경계가 희미해진 현시대에 아직도 많은 남성은 부엌만큼은 사절하고 싶어 한다. 바꾸어 말하면 부엌은 여성을 결박하는 장소로 남아 있다. 발터 벤야민 또한 "밥은 나누어 먹어야 한다. 음식을 대접함으로써 사람들은 서로 평등해지고 연결된다."라고 환대의 철학을 이야기했지만, 부엌에서의 노동은 생략하고 있다. 양일섶의 〈주방〉을 통해 이렇게 바꾸어 말해 본다. 이제 음식을 나누는 것뿐만 아니라 함께 만듦으로써 현대의 주방은 여성 전용의 공간에서 남녀의 구별이 없어지는 것은 물론 문화의 공간, 소통의 공간이 된다. 사람들은 식탁에 둘러앉아서 하고 싶은 이야기를 나누고, 책을 읽거나, 음악을 듣고, 휴식을 취하거나 그 자리에서 하고 싶은 일을 하는 작업장이 되기도 할 것이다.

양일섶이 말하는 주방의 바람은 주인과 가족들이 나의 공간에서 만들어진 요리를 맛있게 먹는 것이다. 그것이 주방의 존재 이유라고 결론지음으로써 주제는 다시 주방으로 돌아간다. 누가 들어오든 주방은 요리하는 공간이라는 작가의 생각은 세태의 변화와 함께 현대의 주방이 지닌 문화적 함의를 포용하는 합리적인 관점일 것이다.

'주방'이라는 사물을 통해 부엌의 여러 의미를 담고 있는 이 작품은 작가 양일섶의 주방에 대한 여러 시선과 그의 풍자적 생각을 담고 있다. 문학에서 사물에 대한 의인화의 전통은 꽤 오랜 역사를 가지고 있는 만큼 이러한 기법의 장점은 충분히 보장된다. 이를테면 사물을 의인화하여 말할 때의 작가는 대상을 바라

볼 때 거리 조정에 성공하여 작품의 완성도를 높이는 데 일조하는 것이다.

　문학작품은 늘 완성을 향해 몸부림치나 완성된 순간은 없다. 그래서 미로를 통과하는 진통을 겪으며 빛이 보이는 출구를 향해 힘차게 나아가는 과정이 아름답게 빛날 수 있다. 작품은 다소 거칠어 우둘투둘할지라도 문학적 세계를 확장하려 변화하는 중일 것이기 때문이다. 좋은 작품일수록 육화되는 되작임의 시간이 더 필요하고, 그래서 더욱 큰 세계를 품게 될 것이라 믿는다. 진정한 작가는 익숙한 매너리즘에 갇혀서 편안한 세계를 즐기느니 차라리 미로를 헤매며 출구를 찾아가는 노역을 마다하지 않을 것이다.

　　　　　－《수필과비평》 2016년 10월 (180호) '월평' 중에서

■ 작품해설

나르시스적 담론, 수필 속의 자화상
— 양희용(일섶)의 〈연화도에 사는 남자〉

박양근(부경대학교 명예교수 · 문학평론가)

　양일섶의 〈연화도에 사는 남자〉는 은퇴 노인의 탈출기이다. 청소년 가출기 같은 희화성을 존재의 층위로 끌어올린 문제성이 돋보이는 작품이다. 그 작품성은 세 가지 논거를 갖추고 있다. 하나는 떠나는 시점이며 두 번째는 연화도를 만년의 거처로 선택한 이유이며 나머지는 '살고 있는'의 현재시제가 지닌 효과이다. 현재의 초상이 아니라 5년 후의 미래상임에도 현재시제로 구조화하는 이유는 그의 탈출이 일시적인 충동이 아니라 의지가 밑받침된 행동임을 강조해 주기 때문이다.
　서술구조는 입문의 양식을 취한다. 문학에서 입문 모티프는 청소년이 갖가지 모험과 시행착오를 거치면서 성인으로 성장해 가는 과정을 그려낸다. 기성 사회에 반항하면서 심리적 육체적

성장을 도모한다. 그런데 양일섶의 경우에는 노년기의 변신이라는 독창적인 실험성을 지녀 성인의 사회적 책임성을 면하면서도 존재성으로서의 입문을 성공시킨 미학적 결실을 거두고 있다.

탈출 거사는 67세 생일날에 이루어진다. 생일날은 '아내와 며느리가 차린 생일상, 케이크와 축하주, 손자들이 재롱과 노래, 자식들이 챙겨주는 두둑한 용돈'으로 묘사되고 작가도 '환한 미소'를 잊지 않는다. 하지만 '속마음은 털어놓지 않았다.'는 간결한 속말은 화목한 풍경을 일시에 전복시킨다. '속마음'이라는 언어는 주변 환경과 결별하고서라도 심중의 계획을 실천하겠다는 표현이다. 몇 벌의 옷가지를 가방에 챙겨 넣고 떠날 때 적은 '섬에 간다. 찾지 말라.'는 메모지 위에 스마트폰을 올려놓은 행위는 의지적 탈출임을 선언하는 기호이다. 이 순간을 그려낸 자화상의 표정은 어떤 것도 두려워하지 않는 연륜을 강조한다. 문제는 왜 '지금'인가라는 시의성이다.

> 그는 30년간 교직과 회사 생활을 했다. 집안의 주방을 책임지면서 수필을 쓰기 시작한 지 10년이란 시간이 지났다. 요리 실력도 어느 정도 갖추었고 수필집도 세 권이나 출간했다. 이제 가족들을 위해 희생과 봉사할 일도 없고, 자신을 위해 투자하고 개발할 정신적 육체적 여력도 없어졌다. 아내와 자식들은 그의 필요성을 전혀 느끼지 못하고 있다. 이제 혼자 살아가야 할 때가 왔다.

작가의 욕망은 절박하고 절실하다. 자아반추는 나르시스의 시선과 흡사하다. 가족을 위해 할 수 있는 일은 더 이상 없다. 밥을 스스로 할 수 있고 작가로서의 직분도 거의 완수하였다. 가족들은 그의 필요성을 더 이상 느끼지 않는 것 같다. 육체적 정신적 여력이 지금까지는 남아있다. 남은 일은 자신의 존재를 재정립하는 것이다. '있음'과 '없음'의 조건이 교차하는 가운데 주체적인 삶을 표상할 시점은 지금뿐이다.

다음 문제는 어디로 가는가이다. 작가는 낭만적 기질 외에 조건과 가능성도 빠뜨리지 않는 신현실주의자임이 여기서 드러난다. 산보다 연화도를 선택한 이유가 그 점을 반영해준다. 뱃길로는 육지에서 한 시간 거리이며 150여 명의 주민이 산다. 필요한 물건을 쉽게 구할 수 있다. 먹거리가 풍부하고 빼어난 절경을 갖추고 있다. 예전에 네댓 번 온 적이 있어 지형도 낯설지 않다. '환상의 섬 연화도'라는 이름이 작가인 자신에게 더없이 적절한 곳에서 '연화도에 사는 남자'라는 미래상만 갖추면 된다. 그의 자화상은 미래 시점에 펼쳐지지만 작가는 고집스럽게 '있다, 있었다'라는 현재형과 과거형 시제를 구사한다. 현재의 사실성과 과거의 팩트를 합쳐 '연화도에 살 나'를 '연화도에 살고 있는 사람'으로 치환시키면 수필은 과거의 상像이라는 고정관념을 일거에 무너뜨리게 된다. 미래의 욕망을 생생하게 내세우는 효과도 준다. 작가는 이런 기법으로 초상화를 그려냄으로써 이상적 욕망을 더욱 가시화하는 효과를 거둔다. 이런 초시간적 탈출기가 마침내 자아를 '연화도 사람'이 되도록 한다.

처음 얼마간은 생소하고 어색했으나 모든 문제는 시간이 지나면서 해결되었다. 가끔은 오십 대 주인집 남자의 낚싯배에 따라가고, 마을 사람들의 그물 손질을 돕고, 서툰 솜씨지만 해산물 작업에 불려가 함께 일을 하면서 부담 없이 술잔을 부딪쳤다. 글을 쓰다가도 동네 사람이 찾으면 궂은일 마다하지 않고 뛰어나갔고 주민들은 그에게 먹거리를 챙겨주며 다가왔다. 그는 점점 연화도 사람이 되어 가고 있었다.

그는 '한 남자'에서 '한 사람'으로 갱생했다. 인간은 어떨 때 사람이 되는가. 원하는 존재성을 가질 때이다. 비유하면 자신의 초상을 스스로 그려가는 자유를 실천할 때이다. 양일섶은 행복하게도 67세의 나이에 자신의 변신을 완성 시킬 현실적 조건을 갖추고 있다. 하나는 식당에서 서빙을 도움으로써 숙식을 스스로 해결하는 것이고, 두 번째는 수필을 섬 젊은이들에게 전파하여 정신적 만족감을 얻는 것이다. 정신적 육체적으로 독립하지 못하면 인격적 완성을 이룰 수 없다는 점에서 그의 준비는 치밀하면서도 현실적이다.

세 번째는 공인절차가 필요하다는 점이다. 그가 연화도 주민으로부터 그들의 일원이라는 점을 인정받았을지라도 사회계약에서 보면 여전히 가정의 가장이다. 이 구속에서 벗어나야 자유인으로서의 안정감을 소유한다. 육지에서 알던 친구가 찾아와 자신의 현 모습을 도연명의 '귀거래사'로 선언한 후 아내가 찾아온다. 부부라는 법적 굴레를 깨뜨리지는 못할지라도 심리적으로는 벗어날 필요가 있다. 다행스럽게 그는 아내의 동의를 얻고 그 후 한 달에 두세 번 정도 택배도 전달받는다. 친구와 가족으로부터 공인받은 그는 드디어 '조금 힘들어도 외롭지 않다. 그리고 이제 계속 여기서 살아도 된다.'는 자화상을 완성한다.

수필 속의 자아는 현실적 환경에서 벗어날 수 없다. 이 사실을 이미 알고 있는 작가는 연화도 서사가 지닌 환상을 '기금부터 5년이란 시간이 지난 후, 연화도에 사는 그 남자가 나였으면 참 좋겠다.'는 문장으로 해결한다. '지금부터 5년이란 시간'은 그의 서사가 사실이 아님을 밝히지만 그렇다하여 작가의 미래 욕망이 지닌 순결성이 훼손되지는 않는다.

그의 탈출기는 소설적 허구이거나 동화의 판타지보다 문학적 격이 높다. 왜냐하면 〈연화도에 사는 남자〉는 너무나 절박하여 거부당해서는 안 되는 원초적 욕망을 제시하기 때문이다. 외적 행동이 아니라 숨겨진 욕망을 토로할 때 진정한 초상화가 그려 짐을 보여준 사례이다. 작가가 70세 무렵에 있는 남자의 고민 거리를 잘 풀어내어 시대의 초상화로 만들었다는 의미이다.

화가들이 그린 자화상이 섬뜩하듯 수필도 작가의 절박한 욕망을 기술하면 시간을 초월하는 자화상이 그려진다. 어쩌면 미래라는 시간 속에 웅크리고 있는 욕망이야말로 초상화로서의 진면목을 확보해주는 모티프라고 하겠다. 양일섶의 연화도 정착기를 살피면서 새삼 떠오른 생각 중의 하나이다.

시가 한 번에 보는 그림이라면 수필은 찬찬히 들여다보는 그림이다. 서사로서 수필을 읽을 때 유의할 점은 정도의 차이는 있지만, 욕망과 동경의 색조가 화폭으로 쓰인 원고지 어딘가에 깔려있다는 사실을 밝히는 노력에 있다. 감정의 시간이 과거인가 현재인가 미래인가를 함께 찾아낸다면 자화상으로서 수필구조에 더 가까이 접근하게 된다. 나아가 배경이 어떻게 변하는가를 간파하면 서술자의 내면까지 읽어낼 수 있다.

자화상은 미움, 그리움, 추억, 희망 등을 여러 기법과 언술로 표현된다. 이런 언어들이 풍부하게 동원될수록 자화상으로서 수필은 무의식이라는 후광을 입체적으로 드러낸다. 그 과정을 살피면 마치 거울로 자신을 살피는 과정과 동일하다는 것에 동의할 수 있다. 자화상 기법이 우리의 내면을 타자의 시선으로 보도록 한다. 고통을 탕감하고 미래의 꿈이 첨가되면서 치유의 효과도 지닌다.

양일섶의 〈연화도에 사는 남자〉는 이런 자화상 기법을 잘 구사하였다. 수필의 화술구조가 갈수록 폭이 넓어지고 있는 것은 바람직한 현상이라고 평하고자 한다.

— 《수필과비평》 2019년 10월 (216호) 이달의 문제작 중에서

양희용(일섶) **수필집**

산복도로 계단

인쇄 2019년 11월 11일
발행 2019년 11월 18일

지은이 양희용(일섶)
발행인 서정환
펴낸곳 수필과비평사
주소 서울시 종로구 삼일대로 32길 36(익선동 30-6 운현신화타워 빌딩) 305호
전화 (02) 3675-3885, (063) 275-4000 · 0484
팩스 (063) 274-3131
이메일 sina321@hanmail.net   essay321@hanmail.net
출판등록 제300-2013-133호
인쇄 · 제본 신아출판사

저작권자 ⓒ 2019, 양희용(일섶)
이 책의 저작권은 저자에게 있습니다. 서면에 의한 저자의 허락없이 내용의 일부를 인용하거나 발췌하는 것을 금합니다.
COPYRIGHT ⓒ 2019 by Yang Hee Loing(Ilseop)
All rights reserved including the rights of reproduction in whole or in part in any form.
저자와 협의, 인지는 생략합니다.
잘못된 책은 바꿔 드립니다.

ISBN 979-11-5933-246-3   03810

값 13,000원

이 도서의 국립중앙도서관 출판예정도서목록(CIP)은 서지정보유통지원시스템 홈페이지(http://seoji.nl.go.kr)와 국가자료공동목록시스템(http://www.nl.go.kr/kolisnet)에서 이용하실 수 있습니다.(CIP제어번호:2019043753)

Printed in KOREA

❖ 본 도서는 2019년 부산광역시, 부산문화재단 지역문화예술특성화 지원 사업으로 지원을 받았습니다.